영화 속의 생활영어

영어회화 트레이닝

영화 속의 생활영어

영어회화 트레이닝

발행일 | 2010년 4월 15일 초판 발행
2015년 9월 25일 초판 2쇄
지은이 | 김경식
펴낸이 | 노석균
펴낸곳 | 영남대학교출판부
경북 경산시 대학로 280
전화 053) 810-1801~3 | 팩스 053) 810-4722
http://book.yu.ac.kr

ISBN 978-89-7581-391-7 13740

영화 속의 생활영어

영어회화 트레이닝

김경식 지음

pegasus

머리말

영어 말하기 듣기 능력에 대한 평가가 중요해지고 대학의 영어 교육에서도 구어체 영어와 생활 영어에 대한 비중이 높아지면서 그 교육 방법에 대한 관심이 증대했다. 모든 교육 방법에는 나름대로의 장점도 있고 단점도 있다. 하지만 영어 회화 교육에 있어서 가장 중요한 점은 영어 학습에 대한 지속 가능한 흥미와 관심을 유발 할 수 있어야 한다는 것과 단순한 암기 위주의 기능적 학습이 아닌 문화적 배경과 어휘의 문맥적 특성을 고려하는 다면적 영어 회화 교육이 이루어져야 한다는 것이다.

이 두 가지 중요한 요소를 충족시키기 위해 이 강의를 기획 하였다. 영화는 학생들이 흥미를 가지고 여러 번 볼 수 있는 중요한 영어 학습 도구 중의 하나이고 이는 이미 많은 영어 교육자와 영어 학습자들이 인정하고 있는 사실이다. 하지만 영화를 어떻게 영어 학습 도구로 이용해야 하느냐 하는 방법론적 측면이 간과되어 온 것도 사실이다. 영화 자체를 그대로 영어회화 학습도구로 이용하기에는 여러 가지 부적절한 면이 많다. 왜냐하면 영화는 영어회화 학습도구가 되기 위하여 만들어지는 것이 아니기 때문이다. 영어회화 교육에 적절한 수준과 내용 그리고 흥미를 지닌 영화를 한 편에 모두 담기에는 영화가 할 일이 너무 많아진다.

그래서 여러 다양한 영화에 나오는 어떤 특정한 장면을 고르고 그 장면이 우리 일상생활의 어떤 상황과 일치할 때 그 장면들을 선정해서 『영어회화 트레이닝』이라는 책이 탄생하게 되었다. 그동안 강의를 진행하면서 내가 가장 유념했던 것은 영어회화 교육이 단순한 표현 암기여서는 안 된다는 것이었다. 그래서 영화의 배경 설명과 문화적인 이해가 필요한 곳에서는 많은 설명을 첨가했다. 동일한 어휘와 표현도 상황에 따라 쓰는 사람에 따라 어떻게 다른 뜻으로 이해될 수 있는지도 강조했다. 영어는 단순한 암기 대상이 아니라 사람이 사용하는 생활 도구이다. 그만큼 다양하고 흥미로운 존재인 것이다. 이 점을 이 책을 통해 영어를 학습하는 이들이 이해하고 느끼기 바란다.

2010. 3.

영남대학교 영문학과 김경식

Contents

Chapter 1

새로 온 이웃에게 인사하기

Welcome to the Neighborhood

INTRO

장면 소개

오늘 우리가 배울 장면은 영화 American Beauty에 나오는 한 장면입니다. 이웃 사람이 새로 이사온 이웃을 찾아가서 자신을 소개하고 이웃에 함께 살게 된 것을 환영하며 선물도 주는 장면이지요. 이렇게 처음 만나는 사람에게 자신을 소개해야 하고 상대방의 소개를 받아야 하는 경우는 우리가 살아가면서 자주 겪게 되는 일인데 이런 상황에서는 즉 낯선 사람을 처음 만나서 대화를 나누는 경우에는 흔히 상대의 말을 오해하거나 잘못 알아듣는 경우가 많이 발생합니다.

처음 낯선 사람을 만나서 어떻게 이야기하고 서로를 소개하는가 하는 것은 단순한 언어의 문제가 아니라 사실 문화적인 영향력과 사회적 관례에 의해 결정된다고 볼 수 있습니다. 우리나라 사람이 처음 낯선 사람을 만나서 나눌 수 있는 대화의 내용과 방식은 미국인이 같은 상황에서 할 수 있는 것과 상당히 다르다는 것입니다. 물론 개인적인 차이도 있고 각각 개별적인 상황의 특성에 따라 달라지기도 하겠지요. 하지만 문화적인 영향력이 크게 작용한다는 것을 부인할 수는 없습니다.

어쨌든 오늘 배울 장면에서도 낯선 새 이웃이 서로 만나서 인사를 하고 자신을 소개합니다. Ricky의 아버지 Frank Fitts씨는 미국 해병대의 대령입니다. 매우 권위적이고 가끔 폭력도 행사하는 독재적인 아버지입니다. 이 Ricky네 집이 새로 이사를 왔는데 한 집 건너 이웃에 사는 동성연애자 즉 homosexual 커플이 친절하게 선물을 가지고 와서 이웃이 된 것을 환영하는 인사를 하는 것입니다. 매우 보수적인 Frank Fitts 대령은 자기 집 대문 앞에 갑자기 나타난 이 두 남성이 동성연애자라는 사실을 상상도 할 수 없었기 때문에 그 동성연애자들이 자신들을 소개하면서 하는 단어 하나를 오해하게 됩니다. 그것은 partner라는 단어입니다.

오늘 배울 장면에서 우리는 처음 이웃이 만나서 나누는 인사, 자신이 상대에 대해서 제대로 이해하지 못했다고 생각하는 부분이나 더 알고 싶은 부분을 물어보는 방법, 그리고 partner의 다양한 의미와 쓰임새에 대해서 공부하도록 하겠습니다.

오늘의 표현

- Welcome to the neighborhood.
- It's done.
- Two doors down.
- Nice to meet you.
- This is my partner.
- Let's cut to the chase.

THE SCENE

Jim #1 Hi!
안녕하세요!

Jim #2 Welcome to the neighborhood.
이웃이 되신 것을 환영합니다.

Jim #1 Just a little something from our garden.
이것 별거 아니지만 우리 텃밭에서 따온 것입니다.

Jim #2 Except for the pasta. We got that at Fallaci's.
파스타만 빼고요. 그건 팔라치 가게에서 사왔습니다.

Jim #1 It's unbelievably fresh. You just drop it in the water and it's done.
믿을 수 없을 정도로 신선합니다. 물에다 넣기만 하면 다 됩니다.

Jim #1 Jim Olmeyer. Two doors down. Welcome to the neighborhood.
짐 올마이어라고 합니다. 한 집 건너 옆집입니다. 이웃이 되신 것을 환영합니다.

Colonel Colonel Frank Fitts. U.S. Marine Corps.
프랭크 핏츠 대령입니다. 미국 해병대 소속입니다.

Jim #1 Nice to meet you. And this is my partner…
만나서 반갑습니다. 여기는 제 파트너인…

Jim #2 Jim Berkley, but people call me JB.
짐 버클리라고 합니다. 사람들은 저를 제이비라고 부릅니다.

Colonel Let's cut to the chase, okay? What are you guys selling?
본론으로 바로 들어가지요, 괜찮지요? 무얼 파시나요?

Jim #2 Nothing. We just wanted to say hi to our new neighbors…
아무 것도 파는 것 아닙니다. 우리는 새 이웃에게 인사를 하고 싶었을 뿐입니다.

Colonel Yeah, yeah, yeah. But you said you're partners. So what's your business?
예, 예, 예. 그건 그런데 파트너라고 말했지요.
그러니까 무슨 사업을 하시냐고 묻는 것이지요.

Jim #1 Well, he's a tax attorney.
아, 이 사람은 세무 담당 변호사입니다.

Jim #2 And he's a medical doctor.
이 사람은 의사입니다.

LECTURE

Jim #1 **Hi!**
Jim #2 **Welcome to the neighborhood.**

처음 만나서 하는 인사입니다. Hi! 간단하고 쉬워 보이지만 매우 유용한 표현이고 없으면 서운한 표현입니다. 사람을 처음 만났을 때 혹은 친한 사람을 만났을 때, 그냥 얼굴만 알고 지내는 사람을 만났을 때도 Hi! 라고 인사할 수 있습니다. 이 인사를 할 때도 말하는 사람의 억양, 표정, 제스처 등으로 반가움의 정도를 표현할 수 있겠지요. 우리도 Hi! 하고 시작할까요? Hi!

Welcome to the neighborhood. 새로 이사온 이웃을 만났을 때 환영하는 인사입니다. 여러 가지 상황에 따라 Welcome to 뒤에 다른 말을 붙일 수 있겠지요. Welcome to my house. 혹은 Welcome to my home. 우리 집에 온 것을 환영합니다. Welcome to the restaurant. 식당에 찾아주신 것을 환영합니다. Welcome to the school. 학교에 오신 것을 환영합니다. Welcome to my world라는 노래가 있지요. 나중에 기회 있으시면 한 번 찾아서 들어보시기 바랍니다. Welcome to my world라는 말은 애인에게 혹은 애인이 되고 싶은 사람에게 내가 어떤 사람인지 보여주겠다고 하는 말입니다. 여기서 my world는 나의 정신적인 세계, 나의 감정, 사생활, 가족 관계, 과거 그리고 자신의 육체까지도 포함되는 것이겠지요. 그러니까 이런 말은 정말 사귀고 싶은 사람에게만 하는 매우 함축적이고 의미심장한 말입니다. 저는 여러분에게 이 수업을 시작하면서 뭐라고 환영인사를 하는 것이 좋을까요? Welcome to my world. 이건 제가 좀 감당하기 힘든 말이겠지요. Welcome to the class. 이게 딱 좋겠지요. 여러분 Welcome to the class!

EXPRESSION TIPS

1) overstay my welcome

너무 오래 머물러서 미움을 사다.

친구 집에 너무 오래 머물러 있을 때 이렇게 물어볼 수 있습니다.
Have I overstayed my welcome? 내가 주책없이 너무 오래 신세 진 것은 아니니?

2) You may think so and welcome.

네가 그렇게 생각한다면 그렇게 생각해. 상관없어.

어떤 말 뒤에 and welcome을 붙이면 맘대로 해, 내가 상관할 바 없어 라는 뜻이 됩니다. You may be killed and welcome. 너 죽을지도 모르지만 난 상관없어.

LECTURE

Jim #1 Just a little something from our garden.

Jim #2 Except for the pasta. We got that at Fallaci's.

Jim #1 It's unbelievably fresh. You just drop it in the water and it's done.

여기 찾아온 두 남자의 이름이 모두 Jim 이지요. 특이한 경우인데 물론 우리가 나중에 알게 되지만 두 남자의 성은 다릅니다. 그래서 여기서는 Jim Number one, Jim Number two 이렇게 구분하고 있습니다. 어쨌든 그 중에 한 명이 선물로 가져온 물건을 건네주면서 Just a little something from our garden. 이라고 합니다. 바구니에 들어있는 물건을 보니 대부분 야채, 식물들입니다. 그러니 여기서 our garden이 무엇을 말하는지 짐작할 수 있습니다. 요즘에 우리 주변에 어르신들이 텃밭을 많이 가꾸시죠. 거기서 상추나 고추 깻잎 등 여러 야채를 길러 먹습니다. 이 사람이 말하는 garden도 역시 자신의 정원에 가꾸고 있는 텃밭을 뜻하고 있습니다. 우리 텃밭에 기른 것 좀 가져왔어요. 이런 뜻이겠지요. 누구에게 선물을 줄 때 이런 식으로 말하면 생색내지 않는 겸손한 뜻이 될 수 있습니다. 동네 가게에서 물건을 사서 선물로 줄 때는 Just a little something from a local shop. 음식을 만들다 조금 많다 싶으면 이웃에게 갖다 주는 좋은 풍습이 우리에게는 있지요. 그럴 때는 Just a little something from our kitchen. 이렇게 말하면 되겠지요. 그리자 다른 Jim이 Except for the pasta. We got that at Fallaci's 라고 합니다. 파스타만 빼고 다 자기 집 정원 텃밭에서 가져왔다는 겁니다. 파스타는 Fallaci's 즉 팔라치 씨 가게에서 사왔다는 것이죠. Jim number one이 다시 말합니다. It's unbelievably fresh. 말 뜻 그대로 하면 믿기 힘들 정도로 신선하다는 것이지요. 그렇겠죠. 그 야채들은 방금 전에 자기들 밭에서 따온 것이니 얼마나 신선하겠어요. 이렇게 unbelievably를 쓰면 매우, 굉장히 즉 영어로 very, greatly라는 말보다 더 심하게 강조하는 말이 되겠지요. She's unbelievably beautiful. 그 여자 믿기 힘들 정도로 아름다워. 그냥 unbelievable을 쓰면 믿기 힘든 놀라움을 표현할 수 있습니다. He is unbelievable. 그 사람 정말 놀라워. The professor is unbelievable. 저 교수님 정말 놀라운 분이야. 계속해서 말합니다. You just drop it in the water, and it's done. 그걸 그냥 물에만 집어넣으세요. 그러면 모든 일이 끝납니다. 이때 done은 형용사입니다. 보통 do의 과거분사로 알고 있고 그렇게 쓰이지만 여기서는 독립된 형용사로 별개의 단어입니다. 다 마무리된, 끝난, 완성된 즉 finished, completed의 뜻이지요. Nick Drake의 Day is done 이라는 노래가 있지요. 하루가 끝날 때라는 뜻입니다. 또 What's done is done. 이라는 말도 있습니다. 이미 끝난 일은 돌이킬 수 없다는 뜻이지요. 끝난 것은 끝난거야, 더 이상 어떻게 할 수 없어 정도의 뜻입니다. 무슨 일이 끝났다고 할 때 it's done이라고 하면 됩니다. 집에서 어머니가 늘 물어보는 말 있지요? 너 숙제 다했니? 그럴 때 다 했어요 라고 대답하고 싶으면 간단히 it's done. 이라고 하면 됩니다.

LECTURE

Jim #1	Jim Olmeyer. Two doors down. Welcome to the neighborhood.
Colonel	Colonel Frank Fitts. U.S. Marine Corps.
Jim #1	Nice to meet you. And this is my partner···
Jim #2	Jim Berkley, but people call me JB.

Jim Olmeyer가 말합니다. Two doors down. 한 집 건너 옆집이에요. 바로 옆집일 때는 next door라고 합니다. 그러고 보니까 집을 door라고 말하고 있는 것 같지요. 즉 어떤 집의 대문이 그 집을 대표한다고 볼 수 있어서, 그리고 집엘 들어 갈려면 대문을 통해서 들어가야 하니까 집 대문이 집이라는 뜻을 함축하는 것이지요. 그래서 우리 말로 집집마다 라는 표현을 영어로는 from door to door라고 합니다. Halloween eve에 아이들이 도깨비나 해적 가면을 쓰고 집집마다 다니면서 캔디나 잔돈을 얻으러 다닙니다. 이것을 이렇게 표현하면 되겠지요. The children went from door to door to collect candies. 심청전에서 심봉사가 심청이 먹이려고 집집마다 젖 동냥을 하러 다닙니다. 이것도 이렇게 표현하면 됩니다. The father went begging for milk from door to door.

Colonel Frank Fitts. U.S. Marine Corps. 집주인인 Frank Fitts도 자신을 소개합니다. 미국 해병대 대령이라고 하는군요.

Jim Olmeyer가 다시 말합니다. Nice to meet you. And this is my partner··· 만나서 반갑다는 이야기를 먼저 합니다. Nice to meet you. 매우 흔히 하는 말이고 자주 쓰는 말이며 하면 할수록 좋은 말입니다. 사람을 만나면 Nice to meet you. 자연스럽게 나와야 하겠지요. 반면에 Nice meeting you. 혹은 Nice seeing you. 라고 하면 만나 뵈어서 즐거웠습니다 라는 헤어질 때 인사입니다. Nice to meet you 처음 만났을 때, Nice meeting you 헤어질 때 인사라는 것 잊지 마세요. 그 다음에 Jim Olmeyer가 자기 옆에 서 있는 사람을 소개하면서 다음과 같이 말합니다. And this is my partner… 여기 있는 사람은 제 파트너입니다. 이 partner라는 단어 때문에 지금 오해가 발생하게 됩니다. 그 이유는 이 단어가 매우 다양한 뜻으로 사용될 수 있어서 단지 my partner라는 단어만으로 어떤 관계를 뜻하는지 정확히 알 수 없기 때문입니다. 이렇게 다른 나라 말도 마찬가지이지만 영어에는 하나의 단어가 여러 가지 뜻을 갖고 있어서 문맥과 상황을 통해서만 그 단어의 뜻을 명확히 구분할 수 있는 경우가 상당히 많습니다. partner는 크세 두 가지 뜻을 갖고 있습니다. 첫째는 동업자, 공동 사업자라는 뜻입니다. 둘째는 남편이나 아내 혹은 배우자, 함께 사는 반려자라는 뜻입니다. 지금 Jim Olmeyer가 partner 라고 한 것은 자신과 옆에 있는 남자가 동성연애자로서 배우자라는 뜻으로 즉 위의 partner 뜻 중에 두 번째 의미로 말한 것입니다. 하지만 이 두 남자가 동성연애자라는 사실을 상상도 할 수 없었던 집주인 Frank Fitts 대령은 당연히 partner의 첫 번째 의미로 이해하게 된 것이지요.

Jim number two가 이렇게 말하지요. Jim Berkley, but people call me JB. 자기 소개를 하는 것이지요. 사람들이 자신을 자기 이름의 첫 이니셜을 따서 JB라고 부른다고 합니다.

LECTURE

Colonel Let's cut to the chase, okay? What are you guys selling?

Jim #2 Nothing. We just wanted to say hi to our new neighbors…

Fitts 대령이 말합니다. Let's cut to the chase, okay? chase는 원래 추적, 추격이라는 뜻입니다. 그러니까 cut to the chase는 말 뜻 그대로 하면 추격하는 것을 이제 끊자, 짧게 하자라는 뜻이겠지요. 원래 영화에 많이 나오는 긴 추격 장면을 짧게 하자라는 말에서 시작한 표현입니다. 무슨 말인지 본론에 들어가지 않고 이리 저리 말을 빙빙 돌리기만 한다면 그 말 뜻을 알아내려고 추적하는 일이 골치 아프고 피곤하겠지요. 그래서 우리 그만 서론 끝내고 본론으로 들어가자고 할 때 쓰는 말이 Let's cut to the chase. 입니다. 맨날 궁상 떠는 친구가 와서 집에 돌아갈 차비도 없고 배도 고프다고 합니다. 이럴 때 한마디로 이렇게 쏘아 붙여 줄 수 있지요. Let's cut to the chase, okay. How much do you want? 이렇게 말하고 한 3000원 쥐어주면 더 이상 괴롭히지 않겠지요. Let's cut to the chase. 본론으로 들어가자. 매우 좋은 표현입니다. 여러 번 반복해서 익혀두시기 바랍니다. 비슷한 표현으로 get to the point, get down to business 등이 있습니다. 그리고 나서 Fitts 대령이 묻습니다. What are you guys selling? 당신들은 무엇을 팝니까? 이 물음에 이웃에게 환영 인사를 하러 온 두 동성연애자 커플은 당황하겠지요. 자기들은 뭘 팔러 온 것이 아니라 선물을 주고 환영하러 왔으니까요. 하지만 Fitts 대령은 그런 의미로 그 질문을 한 것이 아닙니다. 의사소통이 제대로 이루어지지 않고 서로 오해를 하고 있지요. Jim number two가 대답합니다. Nothing. 무엇을 팔려고 온게 아닙니다. We just wanted to say hi to our new neighbors… 우리 새로 온 이웃에게 인사하고 싶었던 것뿐입니다.

EXPRESSION TIPS

1) Wild-goose chase

쓸모 없는 추구, 의미 없는 추적

무엇을 원하긴 하지만 그것이 아예 존재하지 않거나 적절한 정보도 없이 어떤 것을 구하려고 할 때 쓰는 표현이다. 무언가를 찾으려고 한참을 헤맨 뒤에 쓸 수 있는 표현. I wasted all afternoon on a wild-goose chase. 오후 내내 찾아 헤맸지만 아무 쓸모 없는 일이었다.

2) Be chasing your tail

일하느라 정신 없이 보내지만 별로 해놓은 일이 없을 때 쓰는 표현.

I've been chasing my tail all morning, but nothing's done.
아침 내내 정신 없이 뛰어다니며 일했는데 된 일은 하나도 없네.

LECTURE

Colonel	Yeah, yeah, yeah. But you said you're partners. So what's your business?
Jim #1	Well, he's a tax attorney.
Jim #2	And he's a medical doctor.

Yeah, yeah, yeah. 이때 이렇게 말하는 것은 자신도 그 정도는 알고 있다는 뜻입니다. 자신의 말 뜻을 잘 못 이해한 이웃에게 Fitts 대령이 다시 더 정확하게 자신이 묻고 싶은 말을 묻습니다. But you said you're partners. 당신들 서로 동업자라고 하지 않았소. Fitts 대령은 이 두 남성이 결코 동성연애자라고 상상할 수 없었기 때문에, 그리고 동성연애자들이 떳떳하게 자기 집에 와서 이웃이라고 환영 인사를 할 수 있다는 생각을 할 수 없었기 때문에 당연히 이 partner라는 단어가 동거하는 애인, 혹은 배우자라는 뜻은 결코 아닐 것이고 반드시 동업자의 의미일 것이라고 생각한 것이지요. Fitts 대령이 계속 묻습니다. So what's your business? 그래 당신들 사업이 무엇이오? 처음 Fitts 대령이 What are you guys selling? 이라고 물어봤던 질문의 의도를 이제야 이해할 수 있게 됩니다. So what's your business?라는 질문은 상대의 직업을 더 구체적으로 물을 때 사용할 수 있는 질문입니다. What do you do for a living? 당신 직업이 무엇입니까? I'm doing some business. 어떤

사업을 하고 있습니다. 여기서 질문을 그만 둘 수도 있습니다. 하지만 더 알고 싶으면 이 때 So what's your business?라고 물으면 됩니다. 그러면 상대방은 예를 들면 I'm selling men's shoes. 남자 신발을 팝니다 라고 대답할 수 있습니다.

이제야 두 동성연애자 커플은 Fitts 대령의 질문의 의도를 알고서 자신들의 성 정체성을 노출할 수 밖에 없다는 사실을 인식하고 심각한 표정으로 서로의 직업을 말합니다. 자신의 직업을 말하는 것이 아니라 옆에 서있는 배우자의 직업을 말해줍니다. Well, he's a tax attorney. 저 이 사람은 세무관련 변호사입니다. 우리나라에는 세무사 사법서사 변호사 이렇게 다 다른 이름으로 부릅니다. 하지만 서양에서는 이 모든 직업이 하는 업무를 모두 변호사라고 불리는 사람들이 합니다. 물론 변호사에도 등급이 있어서 어떤 변호사는 법정에 나가서 변호할 수 있지만 세무사나 사법서사의 일을 하는 변호사들은 법정에 나갈 수 없습니다. 그 다음에 또 다른 Jim이 말합니다. And he's a medical doctor. 그리고 이 사람은 의사입니다. 의사는 그냥 doctor라고 부를 수도 있습니다. 하지만 doctor에는 보통 박사의 뜻도 있기 때문에 더 정확하게 의사라고 말하고 싶으면 medical doctor라고 합니다. 이제 서로의 직업이 한 사람은 세무변호사이고 다른 한 사람은 의사라는 사실이 밝혀졌습니다. 이 두 사람이 서로 사업상 동업자일 가능성은 거의 0%라고 할 수 있겠지요. 그래서 처음 Jim Olmeyer가 말한 partner라는 단어는 동거하는 연인 혹은 배우자라는 뜻이라는게 명백해졌습니다. Fitts 대령의 표정이 아 이제 알만하다 라고 말하고 있는 듯합니다. 이처럼 영어를 사용하면서도 한 단어가 갖고 있는 여러 의미 때문에 서로 오해할 수도 있다는 것을 명심하시고 오해가 생기면 그 오해를 풀도록 적극적으로 더 많은 말을 해야 한다는 것 또한 명심하시기 바랍니다.

WRAP UP

Useful expressions:

Welcome to the neighborhood.
이웃에 온 것을 환영합니다.

Welcome to my home.
우리 집에 온 것을 환영합니다.

Welcome to the class.
이 수업에 참석한 것을 환영합니다.

It's done.
다 된 겁니다. 다 끝났습니다.

What's done is done.
끝난 것은 끝난거야.

Two doors down.
한 집 건너 옆집이에요.

from door to door
집집마다

Let's cut to the chase.
본론으로 들어가자.

So what's your business?
그래 당신들 사업이 무엇이오?

ROLE PLAY

Colonel **Hi!**
안녕하세요!

Jim **Welcome to the neighborhood.**
새 이웃이 되신 것을 환영합니다.

Colonel **Nice to meet you.**
만나서 반갑습니다.

Jim **Nice to meet you. Jim Olmeyer. Two doors down. Welcome to the neighborhood.**
만나서 반갑습니다. 제 이름은 짐 올마이어입니다.
한집건너 이웃에 살지요. 이웃이 된것을 환영합니다.

Colonel **Colonel Frank Fitts. U.S. Marine Corps.**
프랭크 피츠 대령입니다. 미국 해병대 소속이지요.

Jim **Just a little something from our garden. And this is my partner.**
우리 정원의 텃밭에서 조금 가져왔습니다. 여기는 제 파트너입니다.

Colonel **Let's cut to the chase, okay? What are you guys selling?**
단도직입적으로 이야기 하지요, 뭐. 당신들 무엇을 파십니까?

Jim **Nothing. We just wanted to say hi to our new neighbors…**
아닙니다. 우리는 그냥 새로 오신 이웃에게 인사하러 왔을 뿐입니다.

CHECK UP

다음 우리 말 표현에 알맞게 영어 표현의 괄호를 채우시오.

1) 이웃이 된 것을 환영합니다. = (   ) to the neighborhood.

2) 그걸 물에다 넣기만 하면 다 끝난 겁니다.
= You just drop it in the water, and it's (   ).

3) 한 집 건너 옆집이에요. = Two (   ) down.

4) 본론으로 바로 들어가자. = Let's cut to the (   ), okay?

5) 그래 당신들 사업이 무엇이오? = So what's your (   )?

A TIP IN THE MOVIE

이 영화 American Beauty는 2000년에 샘 멘데스가 감독을 맡고 케빈 스페이시와 아네트 베닝이 주연한 영화입니다. 2000년도 아카데미 작품상을 수상한 걸작입니다. 이 영화가 제기하고 있는 문제점은 다양하고 복잡합니다. 하지만 이 영화의 핵심은 바로 이 영화의 제목 American Beauty에 있습니다. American Beauty는 원래 미국산 진홍빛 장미를 부르는 미국식 이름입니다. 하지만 남자 주인공인 레스터가 강렬한 욕정을 느끼는 안젤라를 환상 속에서 만날 때마다 이 미국산 장미가 동시에 연상되면서 안젤라와 장미가 동일시 되고 있음을 깨달을 수 있습니다. American Beauty는 장미 이름이기도 하면서 동시에 이 영화에서는 그 단어 뜻 그대로 미국의 아름다움을 의미하기도 합니다. 미국의 아름다움이란 과연 무엇인가 혹은 어떠해야 하는가가 이 영화의 주된 관심사라고 할 수 있습니다. 모든 사람이 바라는 어떤 규격화된 아름다움이 있어서 거기에 미치지 못하는 사람들은 성형수술을 하든지 아니면 열등감을 가져야 되는 아름다움인지, 아니면 얼핏 보기에 사소하고 평범해 보이지만 각각의 고유함과 숭고함을 느낄 수 있는 아름다움이 진정한 아름다움인지 이 영화는 진지하게 묻고 있습니다.

Chapter 2
파티에서
At a Party

INTRO

장면 소개

지난 주에 우리는 새로 이사온 이웃에게 찾아가 환영 인사를 하고 선물도 주며 자신들을 소개하는 장면을 공부했습니다. 이번 주에는 이웃집에서 혹은 친구 집에서 열리는 파티에 초대를 받아서 나눌 수 있는 대화를 공부하도록 하겠습니다.

이번 주에 배울 영화 장면은 니콜라스 케이지와 맥 라이언이 주연했던 영화 City of Angels에 나오는 짧은 파티 장면입니다. 이 영화에서 Maggie(맥 라이언)는 의사로 나오는데 자신의 병원에 입원했던 환자 Nathan Messinger의 집에서 열리는 파티에 초대를 받습니다. 거기에서 전에도 가끔 마주쳤고 관심을 가졌던 남자 Seth(니콜라스 케이지)를 우연히 만나게 됩니다. Seth는 실제 죽음의 사자이며 천사입니다. 심장 전문의인 Maggie는 자신이 심혈을 기울여 수술했던 환자가 죽게 되자 실의에 빠집니다. 그 환자를 죽음의 길로 인도했던 천사 Seth는 Maggie에게 연민과 사랑을 느끼게 되고 인간의 모습으로 Maggie 앞에 가끔 나타납니다. Maggie도 Seth에 대해 호기심과 함께 야릇한 느낌을 갖게 됩니다. 우리가 이번 주에 배울 파티 장면에 등장하는 집주인 Nathan 역시 예전에 천사였다가 인간이 된 경우입니다. 등장하는 사람들이 보통 인간들이 아니긴 하지만 이번 주에 우리가 배울 장면은 서양에서 흔히 하는 보통 파티의 장면입니다. 파티에 찾아온 손님을 따뜻하게 맞이하는 집주인의 환영, 그리고 초대받은 손님의 응답이 있고, 음식 만드느라고 바쁜 안주인과 그런 부인을 도와주겠다고 제안 하는 손님이 등장합니다.

이 장면에서는 특히 Seth에게 관심을 갖는 Maggie가 집주인에게 Seth에 대해 몇 가지를 묻습니다. 이처럼 파티에서는 서로가 조금 알고 있거나 관심을 갖는 다른 사람의 신상 정보를 묻거나 대답하는 경우가 많이 있습니다. 우리나라 사람들이 파티를 열 경우에는 참석하는 사람들 대부분이 서로 친하거나 잘 아는 경우가 흔합니다. 생판 모르는 사람이 참석하면 괜히 분위기가 어색해지고 따로 놀 경향이 있기 때문에 그럴 수도 있겠지요. 하지만 서양에서의 파티는 잘 알고 지내는 사람들끼리 모여서 하는 것이 아니라 파티 주최자 즉 host와 연분이 있는 사람들 중 host가 초대하고 싶은 사람들이 모이게 되는데 손님들 서로간에는 잘 모르는 경우가 많습니다. 이럴 경우 어떻게 다른 사람의 신상에 대해 묻고 대답하는지 파티 장면을 상상하면서 실감나게 공부해 봅시다.

오늘의 표현

- Give me the whole package.
- You got an appetite.
- Where you from?
- How long have you known him?
- I feel like I've known him forever.
- Can I help you?
- How did you two meet?

THE SCENE

1:01:45

Nathan Hey, Doc.
헤이, 의사선생님.

Maggie Hi!
안녕하세요.

Nathan No, give me the whole package. Come here.
아니, 악수보다는 몸 전부를 부딪쳐 보지요. 이리 오세요.

Nathan Thanks for coming.
와 줘서 고마워요.

Maggie You look great.
굉장히 좋아 보이는군요.

Nathan Come on. Let's meet some people.
자 이리 오세요. 사람들 소개해 줄께요.

Nathan You got an appetite.
식욕이 당기나요.

Wife Have a beer, Seth.
맥주 마셔요, 세쓰.

Wife Where you from?
어디 출신이지요?

Seth Up.
위쪽이요.

Nathan North, Uh, Canada.
북쪽, 어, 캐나다 출신이야.

Maggie How long have you known Seth?
얼마나 오랫동안 세쓰를 알고 지냈어요?

Nathan Not very long.
그리 오래는 아니예요.

Nathan But I feel like I've known him forever.
하지만 나는 그를 영원히 알고 지낸 것 같은 느낌이 들어요.

Wife I have to see if the cookies are done.
쿠키가 다 요리 되었는지 보아야겠어요.

Seth Can I help you?
제가 도와드릴까요?

Wife Yeah, great.
네, 아주 좋지요.

Maggie How did you two meet?
두 사람은 어떻게 알게 되었어요?

Nathan He works with me over at the site. Construction work.
나랑 같이 건설 현장에서 일하고 있어요. 건축 노동이지요.

Maggie I thought he was a messenger.
나는 저 분이 전보 배달부인지 알았는데요.

Nathan Yeah, he was one of those... hyphenates.
예, 그는 투 잡 가진 사람들 중의 한 명이지요.

LECTURE

Nathan Hey, Doc.
Maggie Hi!
Nathan No, give me the whole package.
Come here.

Maggie가 자신의 집 마당에 들어서는 것을 본 Nathan이 기뻐서 소리칩니다. Hey, Doc. 자기가 파티에 초대는 했지만 오리라고 기대는 많이 하지 않았던 의사 선생님이 오시니까 Nathan이 많이 신나서 소리칩니다. 이때 Doc은 Doctor의 준말입니다. 이렇게 대문자로 시작하는 Doc은 바로 우리가 저번 주에 배웠던 medical doctor 즉 의사를 지칭하는 준말입니다. 의사를 부르는 가볍고 친한 느낌을 주는 호칭이기도 합니다. Maggie가 Hi! 라고 인사하면서 악수를 하려고 하지요. 이 때 Nathan이 No, give me the whole package. 라고 하면서 껴안습니다. 상황을 보면 이게 대충 어떤 말인지 짐작을 하시는 학생들도 많으실텐데요, 아직 눈치가 빠르지 못한 학생들을 위해서 설명을 해드리겠습니다. package라는 단어는 원래 우리가 패키지 여행 상품이라는 용어로 잘 알고 있는 단어입니다. 영어로는 package tour 또는 package holidays라고 하면 그 뜻이 됩니다. 이 때의 package tour의 뜻은 한 여행사가 travel 즉 교통편과 accommodation 즉 숙박을 모두 한꺼번에 해결해주는 여행상품을 말합니다. 거기에다가 관광지 입장료와 식사까지 모두 해결해줄 수도 있겠지요. Package란 한마디로 꾸러미란 뜻입니다. 여러 다양한 것들을 한꺼번에 모아놓은 것입니다. 그래서 package 하나만 얻어도 모든 것이 해결될 수 있도록 되어 있는 것이지요. Package deal이라는 용어도 있는데요 이것은 어떤 계약을 하거나 구매를 할 때 여러 가지 물품이나 서비스를 한꺼번에 한 다발로 구매하는 것을 말합니다. 우리말로 일괄 매매 계약, 일괄 구입, 세트 판매의 뜻입니다. 요즘 방송계에서 뜨고 있는 연예 매니지먼트 회사에서 어떤 스타 연예인을 출연시키기로 계약 할 때 거기에 신출내기 초보

연예인을 끼워 내보내기로 계약하면 그것이 바로 package deal입니다. Package에 대한 설명은 충분히 했고요 Nathan이 악수하려는 Maggie에게 give me the whole package 하면서 껴안는게 무슨 의미인지 이제 거의 대부분의 학생들이 짐작했으리라고 생각합니다. 손만 내밀어서 악수만 하는 것은 부족하고 손뿐만 아니라 네 몸 전부를 내게 줘 봐. 이런 뜻입니다. 결국 이 상황에선 껴안아보자는 말인데 상황에 따라서는 굉장히 야한 뜻이 될 수도 있겠지요. 이런 상황에서 할 수 있는 매우 좋은 표현입니다. 꼭 기억해두시기 바랍니다. Come here. 이리오라고 하면서 Nathan과 Maggie가 서로 껴안습니다.

EXPRESSION TIPS

The whole package

모든 것을 다 갖춘, 완벽한

정말 완벽한 이상형을 만났을 때 이런 말을 합니다. I met a girl who's the whole package, brains, beauty, shared interests, great personality and single. 나는 정말 완벽한 이상형의 여자를 만났어. 지성, 아름다움, 취미도 비슷하고 성격도 좋고 게다가 미혼이야. I know he is the one who I am going to marry, because he is the whole package. He is understanding and sympathetic. 내가 결혼할 사람은 그라는 것을 알아. 왜냐하면 그 사람은 모든 것을 갖추었으니까. 이해심 많고 나와 많은 것을 공유할 수 있는 사람이야.

LECTURE

Nathan Thanks for coming.
Maggie You look great.
Nathan Come on. Let's meet some people.
Nathan You got an appetite.

Nathan이 Thanks for coming 즉 와 주어서 고맙다고 인사합니다. 파티를 여는 주인이 찾아준 손님에게 하는 인사지요. 손님이 주인에게 초대해주어서 고맙다고 할 때는 Thanks for inviting me 라고 하겠지요. Thanks for having us 라는 인사도 있습니다. 어떤 경우에 하는 인사일까요? 이것도 역시 손님이 주인에게 지희를 초대해주어서 감사합니다, 혹은 잘 대접해주셔서 감사합니다 라는 뜻으로 하는 인사입니다. 그래서 Thanks for having us 라는 인사는 처음 초대받은 집에 들어갈 때 집주인에게 해도 되고 파티가 끝난 뒤 그 집을 떠나면서 집주인에게 고마움을 표현할 때 할 수 있는 인사입니다.

Maggie가 이 감사의 인사에 대해 응답합니다. You look great. 굉장히 좋아 보이시네요 정도의 뜻입니다. 이 말은 그냥 인사치레로 할 수도 있는 말입니다. 오랜만에 만난 사람에게 듣기 좋으라고 우리는 얼굴 좋아 보이시네요 라는 말을 흔히 합니다. You look great 가 바로 그런 경우에 쓸 수 있는 말입니다. 하지만 여기서 Maggie가 이 말을 할 때는 자기 환자였던 Nathan이 심장수술을 받고 퇴원해서 건강한 모습으로 있는 것을 보고 특별히 기쁜 마음으로 하는 말이기 때문에 인사치레가 아닌 각별한 의미가 담겨있습니다. 이처럼 같은 말도 누가 누구에게 어떤 상황에서 하느냐에 따라 의미의 깊이가 달라지는 것이지요.

Nathan이 말합니다. Come on. 자 이리 와봐요. Let's meet some people. 사람들 좀 만나봅시다. 사람들 소개시켜 드릴께요. 이 정도의 의미입니다. 서양에서의 파티의 중요한 목적은 전혀 모르는 낯선 사람을 만나는 것이라고 해도 과언이 아니라고 할 수 있습니다. 그래서 집주인 Nathan이 자기 목숨을 구해준 의사에게 자신의 친지들을 소개시켜 주겠다고 하는 것이지요. 이렇게 집주인이 일일이 데리고 다니면서 모든 사람에게 소개시켜 주는 것은 그 손님이 굉장히 중요한 사람이라는 의미이고 그것은 그 손님에게 영광이라고도 할 수 있고 특별 대우받는다고 할 수도 있습니다. 이럴 때는 직접 Let me introduce some people to you 라고 말해도 됩니다. Nathan이 계속해서 말하지요. You got an appetite. 식욕이 당기나요. appetite는 식욕이라는 뜻입니다. 식당에서 main menu 전에 먹는 음식을 appetizer라고 합니다.

이것도 역시 appetite 라는 단어에서 나온 말인데요 식욕을 돋구는 음식으로 우리말로는 전채라고도 하지요. 중요한 음식 먹을 준비를 하는 준비 운동 Warming up 정도로 생각하시면 됩니다. You got an appetite 음식을 대접하기 전에 이렇게 한마디 해주면 음식에 대한 기대를 하게 되겠지요. 만약 여러분이 음식을 대접 받는다면 I got an appetite. 식욕이 넘치는데요 이렇게 한마디 해주면 좋겠지요. 배고프다는 것을 표현할 때 I am hungry라고 하거나 더 심하게 배가 고프다는 것을 표현하려면 I am starving이라고 하면 됩니다. 배고파 죽겠어요 이 정도의 표현입니다.

LECTURE

Wife	Have a beer, Seth.
Wife	Where you from?
Seth	Up.
Nathan	North, Uh, Canada.

Have a beer 안주인께서 Seth에게 맥주를 마시라고 합니다. 그리고 나서 Where you from? 어디 출신이냐고 묻습니다. Where you from?은 Where do you come from이나 Where are you from?이 줄어든 표현입니다. 그냥 Where you from?이라고 해도 충분히 의사소통에 어려움이 없습니다. 이렇게 간단히 말하는게 더 자연스러울 수도 있습니다. Seth가 거짓말 할 수도 없고 그렇다고 사실 그대로 이야기할 수도 없어서 Up이라고 대답합니다.

Seth는 하늘이라는 의미로 Up이라는 말을 썼지만 지리적으로 말할 때는 위쪽 혹은 북쪽을 뜻할 수도 있습니다. 우리도 북쪽이나 서울로 갈 때는 올라갔다는 표현을 쓰는데 그게 결국 같은 뜻입니다. 이 상황에서는 뚜렷한 지명없이 단순히 위쪽이라고 하니까 부인이 어리둥절해하고 이 당황스러운 상황을 벗어나기 위해 Nathan이 North, Uh, Canada라고 부연설명을 해줍니다. Up이라는 한 단어가 어떤 사람은 하늘이라는 의미로 사용하고 있고 다른 사람은 북쪽이라는 의미로 이해할 수 있다는 것이 재미있습니다.

LECTURE

Maggie	How long have you known Seth?
Nathan	Not very long.
Nathan	But I feel like I've known him forever.
Wife	I have to see if the cookies are done.
Seth	Can I help you?
Wife	Yeah, great.

Maggie는 이 파티에서 뜻밖에 만난 Seth에 대해 궁금한 점이 많습니다. 그래서 Nathan에게 Seth에 관한 여러 가지를 물어보고 싶어 합니다. How long have you known Seth? 얼마나 오랫동안 Seth를 알고 지냈냐고 묻고 있습니다. How long으로 시작하는 의문문은 모두 얼마나 오랫동안 이라는 기간을 묻는 질문입니다. 보통은 How long does it take ~? 이렇게 시작하는 의문문의 유형을 갖게 됩니다. 늦었을 때 미안한 마음을 표현해야겠지요. 그때 할 수 있는 표현 I'm sorry I'm late. How long have you been waiting for me? 늦어서 미안해요. 저를 얼마나 기다리셨어요? How long does it take from here to Seoul? 여기서 서울까지 얼마나 걸려요? 이렇게도 자주 쓰겠지요. How long으로 시작하는 의문문 잘 기억해 두시기 바랍니다.

Nathan이 대답하지요. Not very long. 그렇게 아주 오래되지는 않았어요. But I feel like I've known him forever. 하지만 영원히 알고 지낸 것 같은 느낌이 들어요. 보통사람이 forever라는 말을 한다면 그냥 오랜 기간을 강조하는 의미로 이해할 수 있습니다. 그런데 예전에 천사였던 Nathan이 역시 현재 천사인 Seth를 가리켜 영원히 알고 지냈다고 하는 말은 정말 말 그대로 영원일 수도 있겠네요. 여기서 I feel like~ 이렇게 시작하는 구문도 매우 자주 쓰이는 말입니다. 이 구문은 두 가지 뜻이 있습니다. 첫 번째는 무엇을 하고 싶은 느낌이 든다는 뜻이고 두 번째는 ~인 것 같다, 어떤 느낌이 든다라는 뜻입니다. 지금 Nathan이 이 말을 할 때는 두 번째 뜻으로 쓰고 있는 것이지요. 첫 번째 뜻으로 쓸 때는 Do you feel like a movie tonight? 오늘밤 영화 한편 보고 싶니? 이렇게 쓰든가 I don't feel like going out tonight. 저는 오늘 밤 외출하고 싶지 않아요. 이 문장에서처럼 feel like 뒤에 동명사가 오면 됩니다. 두 번째 뜻으로 쓰일 때는 I feel like it's a love. 그것이 사랑인 것 같았다라고 쓰면 됩니다. 여기다 forever 란 말을 넣어서 그것은 영원한 사랑인 것 같았다라고 하려면 I feel like it's a love lasting forever. 혹은 I feel like it's an endless love. 라고 해도 됩니다. 여자 친구나 남자 친구 만나서 이런 말 한마디 영어로 하면 분위기 살겠쇼. 물론 못 알아 들으면 할 수 없구요.

이 때 부인이 말합니다. I have to see if the cookies are done. 쿠키가 다 요리되었는지 보러 가야겠다라는 뜻입니다. 이 때 done은 저번 주에 배운 것 기억나시지요. 다 끝나다, 다 됐다라는 뜻이라고 했지요. 그러자 Seth가 매우 친절하게도 Can I help you? 라고 묻습니다. 도와드릴까요? 즉 부엌에 가서 접시도 챙기고 포크도 놓고 차도 준비하고 하는 일을 도와주겠다는 제안입니다. 이렇게 상대방에게 도움을 주고 싶을 때 Can I help you? 하면 됩니다. 비슷한 표현으로 May I help you? 라고 해도 되는 것이지요. 이 표현은 가게 주인이 가게에 찾아온 손님에게 어떤 물건 찾으시나요? 라고 묻는 표현으로도 이용된다는 것 기억하시기 바랍니다. 부인이 Yeah, great. 라고 답변을 합니다. 예 좋습니다. 이 정도의 답이지요. 여러분도 좋다는 뜻을 표현할 때 그 좋은 것을 강조하려면 great라는 단어를 자주 쓰기 바랍니다.

LECTURE

Maggie How did you two meet?
Nathan He works with me over at the site. Construction work.
Maggie I thought he was a messenger.
Nathan Yeah, he was one of those... hyphenates.

Maggie가 또 Seth에 대해 궁금한 점을 묻습니다. How did you two meet? 두 사람은 어떻게 만나게 되었나요? 어떻게 서로 알게 되었나요 정도의 뜻입니다. Nathan이 대답합니다. He works with me over at the site. 여기서 site는 어떤 건물을 짓기 위한 건설 용지 혹은 건설 부지의 의미입니다. 그 사람 저와 함께 건설 현장에서 함께 일합니다. Construction work. 건설 노동을 하다 만났지요. Nathan의 현재 직업이 건설 노동자인 것 같습니다. Maggie가 의아해 합니다. I thought he was a messenger. 전에 Maggie가 Seth에게 직접 직업이 무엇이냐고 물었을 때 Seth가 자기 직업은 messenger라고 대답했기 때문입니다. Messenger란 사자 전령 심부름꾼 배달자의 뜻을 갖고 있습니다. 누군가의 용무나 전갈을 다른 사람에게 전달하는 사람이지요. Seth는 자신이 하나님의 뜻을 받아서 지상에 그 뜻을 전하고 맡은바 임무를 수행하는 천사이기 때문에 messenger라고 대답한 것이겠지요. 하지만 Maggie가 알아듣기에는 심부름 센터에서 일하든지 아니면 전보 배달부 정도로 이해할 수 밖에 없습니다. 앞에서 Seth가 어디 출신이냐고 묻는 질문에 대답했던 up이라는 단어나 여기서 말하는 messenger 라는 단어는 똑같이 다의어 혹은 중의어의 기능을 하는 단어들입니다. 무슨 말이냐 하면 이 단어들에는 여러 가지 뜻이 있어서 말하는 사람이 자신이 본래 의도한 의미를 전달하면서도 동시에 듣는 사람은 자신이 이해할 수 있는 범위 안에서 이해하게 되는 단어들이라는 것입니다. 즉 말하는 사람이 의도한 뜻과 듣는 사람이 이해하는 뜻이 다르지만 말하는 사람은 상황을 어색하거나 불편하지 않게 하려고 그것까지 생각해서 이와 같은 다의어 중의어를 사용할 수 있다는 것입니다. Seth는 결국 자신이 천사라는 사실을 감추지 않으면서도 상대방에게 충격을 주지 않으면서 편안하게 받아들일 수 있게 하고 그래서 Maggie는 자신이 살아온 지상의 법칙에 따라 그 어휘들을 이해하게 되는 것입니다. 이런 어휘들을 여러분들이 제대로 이해하고 사용할 수 있다면 여러분들의 영어는 매우 수준 높은 영어가 될 수 있습니다.

Nathan이 이 궁색한 상황을 벗어나기 위해 다음과 같이 말합니다. Yeah, he was one of those... hyphenates. 여기서 우리의 눈길을 끄는 단어가 hyphenates라는 단어입니다. hyphen이란 원래 연자 부호라고 해서 두 단어를 연결해서 하나의 단어처럼 쓰게 하는 부호입니다. 여기에서 유래한 동사로서 하이픈으로 잇다 라는 뜻을 가진 단어가 hyphenate입니다. 원래 동사였던 hyphenate가 명사로도 사용되면서 크게 두 가지의 의미로 통용됩니다. 첫째는 외국에서 이주해온 외국계 미국인을 말합니다. 여러분도 여러 번 들어본 적이 있을텐데 예를 들면 Korean-American, Japanese-American, Mexican-American처럼 이들을 지칭할 때 하이픈이 들어간 국적을 밝혀야 되어서 이들을 hyphenate라고 합니다. 즉 미국인이라고는 하지만 근원은 한국인에 뿌리를 두고 있어서 소속감이나 정체성이 두 곳에 모두 속해 있는 사람들을 가리켜 부르는 말입니다. 두 번째 뜻은 여기서 파생된 의미인데 두 개의 직업을 동시에 갖고 있는 겸업자, 보통 우리들이 투잡족이라고 하는 사람들을 말합니다. 예를 들어 교수이면서 작가라면 professor-writer 라고 두 단어에 하이픈을 붙여서 그 사람을 소개하게 되겠지요. 그래서 hyphenate라는 단어에 겸업자, 직업이 두 개인 사람이라는 뜻이 있습니다. 지금 Nathan이 사용하는 이 단어는 두 번째 뜻, 즉 겸업자라는 뜻으로 사용하고 있는 것이지요. 그 친구는 겸업하는 사람들 중의 한 명이지요.

EXPRESSION TIPS

Hyphenates

미국에 사는 사람들 중에 다른 나라에서 이민 와서 사는 사람들은 그 상황이 갈등의 연속일 수 있습니다. 자신의 가치관과 생활습관은 바뀌지 않았는데 현실은 미국식 가치관과 생활방식을 요구합니다. 그리고 그 곳에서 태어난 자식들과의 갈등도 만만치 않습니다. 이런 상황을 hyphenated reality라고 부릅니다.

그리고 투잡족을 특별히 구분해서 부르기 위해 career hyphenates라고 부르기도 합니다.

WRAP UP

Useful expressions:

Give me the whole package.
악수만 하지 말고 한 번 껴안아보지요.

Thanks for coming.
와 주어서 고맙습니다.

Thanks for inviting me.
저를 초대해 주셔서 고맙습니다.

Thanks for having us.
저희를 접대해 주셔서 고맙습니다.

You look great.
굉장히 좋아 보이시네요.

You got an appetite.
식욕이 당기나요. 배고프세요.

How long have you known him?
그 사람을 안지 얼마나 되셨나요?

How long have you been waiting for me?
얼마나 오래 저를 기다리셨나요?

How long does it take from here to Seoul?
여기서 서울까지 얼마나 걸리죠?

I feel like I've known him forever.
영원히 그를 알고 지낸 것 같은 느낌이 들어요.

Do you feel like a movie tonight?
오늘밤 영화 한편 보고 싶니?

Can I help you?
제가 좀 도와드릴까요?

How did you two meet?
두 사람은 어떻게 만나게 되었나요?

Hyphenates
외국계 미국인, 겸업자

ROLE PLAY

Maggie **Where he from?**
저 분 어디 출신이지요?

Nathan **Up, Canada.**
위쪽이지요, 캐나다 출신입니다.

Maggie **How long have you known Seth?**
얼마나 오랫동안 세쓰를 알고 지냈어요?

Nathan **Not very long. But I feel like I've known him forever.**
그리 오래는 아니예요. 하지만 나는 그를 영원히 알고 지낸 것 같은 느낌이 들어요.

Maggie **How did you two meet?**
두 사람은 어떻게 알게 되었어요?

Nathan **He works with me over at the site. Construction work.**
나랑 같이 건설 현장에서 일하고 있어요. 건축 노동이지요.

Maggie **I thought he was a messenger.**
나는 저 분이 전보 배달부인지 알았는데요.

Nathan **Yeah, he was one of those... hyphenates.**
예, 그는 투 잡 가진 사람들 중의 한 명이지요.

CHECK UP

다음 우리 말 표현에 알맞게 영어 표현의 괄호를 채우시오.

1) 악수만 하지 말고 한 번 껴안아보지요.

= Give me the whole (   ).

2) 저희를 접대해 주셔서 고맙습니다.

= Thanks for (   ) us.

3) 식욕이 당기나요. 배고프세요.

= You got an (   ).

4) 그 사람을 안지 얼마나 되셨나요?

= How (   ) have you known him?

5) 영원히 그를 알고 지낸 것 같은 느낌이 들어요.

= I feel (   ) I've known him forever.

A TIP IN THE MOVIE

이 영화 City of Angels는 1998년에 제작되었으며 브래드 실버링이 감독을 맡고 니콜라스 케이지, 맥 라이언, 데니스 프란즈 등이 출연한 영화입니다. 이 영화의 주된 줄거리는 천사인 세쓰가 심장 수술 전문의인 매기를 만나서 사랑에 빠지지만 인간이 되어 사랑을 택할 것인가 아니면 천사로 남아서 영원을 얻을 것인가 갈등을 하게 된다는 것입니다. 결국 그는 사랑을 선택해서 말 그대로 고층 건물에서 지상으로 떨어지는 a falling angel이 됩니다. 보통 영어로 a fallen angel이라고 하면 타락한 천사라는 뜻으로 Satan이 그 중의 대표적인 존재입니다. 하지만 이 영화에서 지상으로 떨어진 천사는 자신이 타락했다고 느끼기 보다 축복받았다고 느낍니다. 그가 축복이라고 느끼는 중요한 이유는 바로 인간이 가진 능력 즉 감각 능력, touch의 능력을 갖게 되었기 때문입니다. 이 touch는 세쓰가 매기에게 느끼는 사랑의 중요한 내용이며 본질이기도 합니다. 이 감각능력을 획득했기에 세쓰는 매기의 사랑을 얻게 됩니다. 그러나 하룻밤을 행복하게 보내고 난 바로 다음날 매기는 교통사고로 죽게 됩니다. 그는 자신의 눈에는 이제 보이지 않지만 슬픔에 잠겨있는 자신을 위로하러 온 예전의 동료 천사를 향하여 이렇게 말합니다. I would rather have had one breath of her hair, one kiss from her mouth, one touch of her hand, than eternity without it. One "그녀 없는 영원 보다는 차라리 그녀의 머릿결, 그녀의 입술, 그녀의 손길을 한번이라도 느끼길 원했었다네. 단 한번만이라도." 이 영화는 우리가 사소하게 지나치는 우리의 감각적 능력, touch의 능력이 얼마나 소중하고 귀한 선물이며 축복인지를 말해주는 영화입니다. 죽음이 그것을 끝장내더라도 살아있는 동안 누릴 수 있는 그 느낌의 행복, 감각의 즐거움은 영원보다 소중하다는 것이지요.

Chapter 3

여행을 떠날 때

Going to Travel

INTRO

장면 소개

이번 주에 우리가 배울 장면은 여행을 떠나기 위해 여행사를 찾아 항공편을 예약하려 할 때 혹은 고속버스를 타고 출발하려 할 때 벌어질 수 있는 상황입니다. 여러분들이 외국에 나가게 되면 물론 한 곳에 오래 머무를 수도 있지만 여기저기 여행을 해야 하는 경우가 더 많을 것입니다. 당연히 외국의 새로운 문물과 풍습을 접하고 즐기기 위해서 자주 여행을 할 가능성이 높은 것이지요. 이번 주에는 이처럼 여행을 떠나려 할 때 여행사와 고속버스 승차장에서 사용할 수 있는 영어 표현을 공부하도록 하겠습니다.

이번 주에 배울 영화 장면은 짐 캐리와 로라 리니가 주연했던 영화 The Truman Show에서 주인공 Truman Burbank(짐 캐리)가 자신이 태어나서 평생 살아왔던 해변의 조그마한 도시를 떠나려고 여행사를 찾고 고속버스 정류장에 가서 버스를 타는 장면입니다. 하지만 주인공 Truman이 여행을 떠나려는 시도는 모두 실패합니다. 비행기 표는 모두 예약되어 있어서 자리가 남아있지 않고 좌석표를 구입한 고속버스는 고장이 나서 떠나지 못합니다. 이 장면을 보고 있는 영화 관객들은 이것이 너무나 당연한 결과라는 것을 알고 있습니다. 하지만 주인공

Truman은 여기에 어떤 음모가 도사리고 있다고 추리하는 것 외에 어떤 사실도 이해할 수 없습니다. 실제 Truman이 태어나서 살아온 이 조그만 해변의 도시는 거대한 TV 프로그램 세트장입니다. 그의 일거수일투족은 24시간 생방송으로 전국에 중계됩니다. 그의 주변에 있는 모든 사람, 심지어 그의 아내, Meryl Burbank라는 여성도 고용된 배우이며 감독의 지시에 따라 움직일 뿐입니다. 자신의 삶이 평범하다고만 생각했던 Truman은 어느 날 바다에 빠져 익사했다고 생각했던 아버지가 갑자기 나타나서 이상한 사람들에게 끌려가고, 대학 시절의 이상형이었던 Sylvia를 우연히 만났는데 자신의 주변 모든 것이 가짜라는 이야기를 듣습니다. 이 모든 것 뒤에 뭔가가 있다는 느낌을 받은 Truman은 Sylvia가 가겠다고 한 Fiji로 떠나려 하지만 실패하고 아버지가 있다고 한 Chicago로 가려고 하지만 역시 버스 고장으로 실패합니다. Truman은 자신을 억누르고 있는 이해할 수 없는 힘으로부터 탈출하려고 시도하지만 모두 실패하고 마는 것이지요. 우리가 여행을 떠나려는 것도 모두 우리를 억누르고 있는 무엇인가로부터 탈출하려는 시도입니다. 갑갑한 일상, 답답한 현실, 이러한 것으로부터 탈출해서 미지의 세상으로 모험을 떠나는 것입니다. 여행을 떠나려 할 때 어떤 영어 표현이 유용하게 사용될 수 있는지 알아보도록 하겠습니다.

오늘의 표현

- I'm sorry to keep you.
- How can I help?
- I'd like to book a flight.
- It's the busy season.
- It doesn't matter.
- I'll make other arrangements.
- All aboard!
- Everybody off!

THE SCENE

(여행사 안)

Agent I'm sorry to keep you.
기다리게 해서 죄송합니다.

Truman That's okay.
괜찮아요.

Agent How can I help?
무슨 일을 도와드릴까요?

Truman I'd like to book a flight to Fiji.
피지로 가는 비행기 좌석을 예약하고 싶습니다.

Agent When would you like to leave?
언제 떠나고 싶으신데요.

Truman Today.
오늘이요.

Agent I'm sorry. I don't have anything for at least a month.
죄송합니다. 한달 동안은 자리가 하나도 남아있지 않네요.

Truman A month?
한달이나요?

Agent It's the busy season. You want to book the flight?
지금이 성수기거든요. 항공 좌석 예약해드릴까요?

Truman It doesn't matter. I'll make other arrangements. Okay.
괜찮습니다. 다른 방도를 생각해보지요. 괜찮습니다.

(고속버스 정류장)

Supervisor Last call for Chicago. All abooooard!
시카고 가실 분 마지막 탑승 기회입니다. 모두 승차하세요.

Truman Thank you. (버스표를 차장에게 주면서) Windy City, here we come!
고맙습니다. 윈디 시티 (윈디 시티는 시카고의 별칭임), 이제야 가는구나.

Supervisor Everybody off. We've got a problem.
모두다 내리세요. 문제가 생겼습니다.

Supervisor I'm sorry, son.
이 친구야, 미안해.

LECTURE

Agent	I'm sorry to keep you.
Truman	That's okay.
Agent	How can I help?
Truman	I'd like to book a flight to Fiji.

여행사 직원이 어디 있다 와서 기다리고 있는 Truman에게 말합니다. I'm sorry to keep you. 저번 주에 배운 기억이 나지요. I'm sorry to keep you waiting. 기다리게 해서 죄송합니다. 뒤에 waiting을 빼도 같은 뜻이 됩니다. I'm sorry to keep you. 기다리게 해서 죄송합니다라는 뜻이 됩니다. 이럴 때 괜찮다라는 뜻으로 That's okay. 혹은 That's alright. No problem!이라고 하면 됩니다. 어떤 경우에는 That's nothing. 이라고 해도 무방합니다. 괜찮아요라는 표현들 잘 외어두시기 바랍니다. 다시 여행사 직원이 묻습니다. How can I help? 우리말로 무슨 일을 도와드릴까요? 라는 뜻입니다. 비슷한 뜻의 문장을 저번 주에 배웠습니다. Can I help you? May I help you? 또는 What can I help you? 모두 다 비슷한 경우에 사용되는 문장들입니다.

이 질문에 Truman이 자신의 용건을 말합니다. I'd like to book a flight to Fiji. 피지로 가는 비행기 좌석 하나 예약하고 싶습니다. 피지에 옛 여자친구가 가겠다고 한 말이 기억나서 피지로 가고 싶어 하는 것입니다. 이 때 비행기 좌석을 예약한다는 뜻으로 book a flight 라는 표현을 쓰고 있습니다. Book은 원래 여러분들이 잘 알고 있듯이 책이라는 뜻입니다. 또한 book에는 공책, 장부라는 뜻도 있습니다. 예전에 컴퓨터가 없는 시절엔 호텔이나 연극 등을 보기 위해 예약을 하면 장부에 예약한 사람 이름을 반드시 기록해 두어야 했습니다. 그렇지 않으면 누가 예약을 했는지 기억을 할 수 없었을테니까요. book이라는 단어가 장부 혹은 장부에 기입하다 라는 뜻이 있어서 여기에서 예약하다

라는 뜻이 파생하게 된 것입니다. book이라는 단어가 장부에 기입하다라는 뜻이라 거기에서 파생된 재미있는 의미가 몇 개 더 있습니다. 그 중 하나가 여러분들이 차를 운전하던 중에 교통 신호나 교통 법규를 위반해서 교통 순경에게 걸리는 경우가 있지요. 그 때 교통 순경이 뭘 합니까? 우리말로는 딱지를 뗀다고 합니다. 그건 교통 순경이 범칙금 고지서를 발부해서 즉 범칙금 장부에 우리들 이름과 법규위반사항 등을 기입해서 우리에게 벌금을 부과하는 일입니다. 그래서 이런 경우는 영어로 book이라는 표현을 씁니다. 만약 어제 나는 속도 위반으로 경찰에게 딱지를 떼었다. 범칙금을 부과 받았다라는 표현을 영어로 하면 I was booked for speeding yesterday. 라고 하면 됩니다. 아니면 The police booked me for speeding yesterday라고 하셔도 됩니다. 또 한 가지 book의 재미있는 용법에는 축구 경기에서 주심 즉 referee가 심한 반칙을 저지른 선수에게 yellow card를 제시하고 그 선수의 이름을 적는 경우에 쓰입니다. 이 경우에도 그 선수의 이름과 위반 사항을 장부에 기입하는 것이기 때문에 book이라는 단어를 사용하는 것입니다. 어떤 선수가 booked twice 즉 두 번 장부에 기입되면 퇴장 당하게 됩니다. 이렇게 사용할 수 있겠지요. He was booked for punching another player. 다른 선수를 주먹으로 쳐서 옐로우 카드를 받았다. 예약한다라는 뜻의 book이라는 단어를 사용할 때 booked up이라는 표현이 있습니다. The hotel is booked up. 이렇게 말하면 그 호텔은 예약이 다 찼다라는 뜻입니다. Fully booked up 하면 더 강조해서 완전히 다 찼다라는 뜻입니다. 사람을 주어로 해서 booked up 하면 그 사람은 선약이 있어서 더 이상 약속을 못한다라는 뜻입니다. I am booked up for this evening. 오늘 밤에는 선약이 있다. 그래서 다른 사람과 다른 약속을 할 수 없다라는 뜻입니다. I'd like to book a flight 항공편을 예약하고 싶어요라는 표현 잘 기억하시기 바랍니다.

LECTURE

Agent When would you like to leave?

Truman Today.

Agent I'm sorry. I don't have anything for at least a month.

Truman A month?

Agent It's the busy season. You want to book the flight?

Truman It doesn't matter. I'll make other arrangements. Okay.

다시 여행사 직원이 묻습니다. When would you like to leave? 언제 떠나고 싶으십니까? 항공편을 예약하고 싶다고 하니까 당연히 물어봐야 하는 질문이죠. leave라는 동사는 떠난다는 뜻의 동사입니다. 여러분들이 발음을 할 때나 들을 때 살다라는 뜻의 live라는 동사와 혼동하기 쉽습니다. 간단히 구분하면 leave는 장모음입니다. 그래서 길게 리~브라고 발음하면 됩니다. 반면 살다라는 뜻의 live는 단모음입니다. 그래서 립이라고 짧게 발음하면 됩니다. Truman이 Today 오늘 이라고 대답합니다. 그런데 항공권을 예약할 때 오늘 떠날 비행기편을 예약하기란 상당히 어렵겠지요. 조금 뜻밖의 대답이지만 Truman으로서는 하루가 급하기 때문에 이렇게 대답할 수 밖에 없습니다. 그런데 여기서 참고 삼아 today의 발음에 몇 가지 이야기를 해드리고 넘어가겠습니다. Today는 보통 우리가 투데이라고 발음하는 것으로 알고 있습니다. 하지만 지역에 따라 이 발음이 좀 달라집니다. 호주와 영국의 중북부에서는 이 단어를 투다이라고 발음합니다. 그래서 호주의 멜버른 공항에 내려서 택시를 탔는데 택시기사가 아주 친절하게 디쥬 컴 히어 투다이? 라고 물었답니다. 택시기사는 Did you come here today?라고 물은건데 투다이라는 발음을 처음 들은 한국인은 Did you come here to die?로 들을 수 밖에 없는 것이죠. 너 죽으러 여기 왔니? 얼마나 깜짝 놀랬겠어요? 그래서 여러분들은 이런 것까지 다 알고 가기 힘들겠지만 이렇게 발음하는 곳도 있다는 사실을 염두에 두세요. 그러면 Sunday 일요일이라고 알고 있는 이 단어는 호주나 영국의 중 북부에서 어떻게 발음할까요? 순다이라고 발음합니다. 우습지요. Monday 월요일은 몬다이라고 합니다. 다시 여행사 직원이 대답합니다. I'm sorry. 죄송합니다. 당연히 대부분의 여행사에서 오늘 떠날 비행기표 구하기는 힘들겠지요. 그런데 이 여행사는 거대한 TV 세트장의 일부이고 이 여행사 직원 역시 고용된 배우이기 때문에 Truman이 여행을 못 가도록 좌절시키는 것이 목적입니다. 그래서 이렇게 대답합니다. I don't have anything for at least a month. 적어도 한 달 동안 아무런 좌석이 없습니다. 똑 같은 의미로 사용할 수 있는 영어표현 금방 배운 것 기억나세요? Booked up, fully booked up 이라는 표현 배웠지요. All the flights are fully booked up for at least a month. 적어도 한 달 동안 모든 비행기 좌석의 예약이 다 찼어요. Truman이 놀라서 대답합니다. A month? 한 달이나요? 그러자 다시 여행사 직원이 대답합니다. It's the busy season. 지금은 한참 성수기입니다. 성수기라는 뜻으로 쓸 수 있는 영어가 어떤 것이 있을까요? High season, peak season이라고 하면 성수기라는 뜻입니다.

반면에 비수기라는 뜻으로는 off season, low season이라고 표현하면 됩니다. 또 shoulder season이라는 표현도 있는데요. 이것은 완전히 성수기도 아니고 그렇다고 완전히 비수기도 아닌 그 가장자리 정도에 위치한 기간을 가리키는 말입니다. shoulder라는 말은 원래 어깨라는 뜻이지만 어깨의 위치가 몸의 양 끝에 있어서 어떤 중심의 양끝에 위치한 것을 shoulder라고 부르기도 합니다. 그래서 shoulder에 노견이라는 뜻, 즉 고속도로의 양쪽 가장자리에 있는 긴급대피로의 뜻도 있습니다. 여행사 직원이 한 번 더 묻습니다. You want to book the flight? 비행기 예약 해 드릴까요? 상대가 거절할 것을 뻔히 알면서 물어보는 말이지요. Truman이 대답합니다. It doesn't matter. 상관없어요. 괜찮아요. 여기서 matter는 원래 중요하다라는 뜻입니다. Matter는 원래 명사로 문제라는 뜻이고 동사로는 문제가 될 정도로, 문제를 삼을 정도로 중요하다라는 뜻이 되는 것입니다. 이제 부정어와 함께 쓰여서 It doesn't matter 하면 중요하지 않아요, 이래도 그만 저래도 그만 상관없어요 라는 뜻이 되는 것입니다. 비슷한 뜻의 표현으로 No matter! No problem!이라고 하시면 됩니다. 다시 Truman이 말합니다. I'll make other arrangements. 다른 방도를 강구해 볼께요 혹은 다른 계획을 세워보지요 라는 표현입니다. Travel arrangements라는 표현이 있습니다. 여행을 갈 때 비행기를 타고 갈 수도 있고 기차를 타고 갈 수도 있고 자기 차를 몰고 갈 수도 있겠지요. 그렇게 여러 가지 방법이 가능한데 어떤 방법으로 갈 것인지 계획을 세우는 것, 방법을 정하는 것을 travel arrangements라고 부릅니다. 이 arrangement라는 명사에는 보통 make라는 동사가 따라 옵니다. 그래서 I'll make other travel arrangements. 라고 하면 다른 여행 계획을, 혹은 다른 여행 방법을 세워보겠습니다 라는 표현이 됩니다. Okay! 이제 이해 되었지요. Okay! 다음 부분으로 넘어가겠습니다.

EXPRESSION TIPS

Make arrangements

이 뜻은 원래 무엇을 위해 미리 준비한다는 뜻입니다. 여기서처럼 교통편에 관한 말이라면 make travel arrangements라고 하는 것이 더 구체적인 표현입니다. Make arrangements 뒤에는 전치사 for나 to 부정사를 써서 무엇에 대한 준비를 하는지를 나타냅니다. 예를 들어 장례준비를 한다면 make arrangements for a funeral이라고 하면 되고 누군가 회의 준비를 해야 한다고 할 때는 Who is making all the arrangements for our meeting? 이라고 표현하면 되겠지요. To 부정사를 사용할 경우는 예를 들어 아이를 집에서 가르치고자 할 때 무엇을 준비해야 할까요? 라는 질문을 하고 싶으면 How do I make arrangements to teach my child at home? 이라고 하면 됩니다.

LECTURE		
	Supervisor	Last call for Chicago. All a board!
	Truman	Thank you. Windy City, here we come!
	Supervisor	Everybody off. We've got a problem.
	Supervisor	I'm sorry, son.

여기는 고속버스 정류장입니다. 여행사에서 비행기표를 못 구한 Truman이 고속버스를 타고 Chicago에 가려고 버스표를 구입했습니다. Supervisor 원래 감독관, 관리자, 지도교수의 의미인데요. 여기서는 검표자, 차장 정도의 의미겠지요. Last call for Chicago.라고 소리칩니다. 여러분들이 공항에 가면 탑승 게이트까지 가는 길에 흔히 듣는 아나운서 멘트지요. This is the last call for London Flight number 311. 런던 비행기 타시는 분들 이게 마지막으로 말하는 건데 빨리 오세요. 이제 안 오면 게이트 닫아요 하는 외침이죠. 이런 말이 스피커를 통해 들리고 나면 짐 이것 저것 들고 막 뛰는 사람들이 여럿 보이죠.

Last call for Chicago.라는 표현도 이제 시카고 가는 버스 문 닫습니다. 마지막으로 말하는 건데 손님들은 빨리 타세요 라는 뜻입니다. 이때 큰 소리로 All aboard!라고 외칩니다. aboard라는 단어는 배나 기차, 비행기, 버스 등을 타고 라는 뜻의 부사입니다. Board란 원래 긴 나무 판자를 뜻하는데 인간이 최초로 이용했던 장거리 여행 도구였던 배는 바로 긴 나무 판자들을 이어서 만든 것이었습니다. 그래서 aboard라는 단어에 교통수단을 타고 라는 뜻이 나오는 것입니다. All aboard!라는 외침은 모두 다 승차하세요 라는 출발 직전에 승객에게 외치는 정형화된 구호입니다. 기차가 떠날 시간이 다 되면 승무원들이 플랫폼을 향해 이렇게 외칩니다. All aboard! Truman이 버스에 타면서 말하지요. Thank you. Windy City, here wecome! Windy City란 시카고의 별칭으로 시카고가 바람이 많은 도시라서 이렇게 부른다고 합니다.

Here we come!은 Here we are!와 비슷한 뜻으로 이제야 가는구나! 드디어 다 왔구나! 하는 정도의 뜻입니다. 이 조그마한 도시를 나갈 수 있는 교통편도 구할 수 없었던 Truman이 고속버스를 탔으니 얼마나 감격했겠습니까? 그런데 갑자기 검표원이 Everybody off! 라고 외칩니다. 이 때 off는 버스에서 내리라는 뜻입니다. 반대로 on은 버스에 탄다는 뜻이겠지요. Everybody off! 모든 사람 다 내리세요! We've got a problem. 문제가 생겼어요. 버스가 고장 났다는 이야기이겠지요. 그러사 시무룩하게 버스를 내리려는 Truman에게 미안해서 한마디 합니다. I'm sorry, son. 이때 son이라는 표현은 원래 아들이라는 뜻이잖아요. 그런데 이렇게 서로 처음 만난 사이라 할지라도 친근감을 표현하기 위해 나이 많은 사람이 나이 어린 사람에게 할 수 있는 표현입니다. 자기 자식 같은 나이의 어린 사람에게 할 수 있는 말입니다. 하지만 이런 호칭을 들어서 기분 나쁠 때도 있겠지요. 그럴 때는 I'm not your son. 이렇게 대꾸해주면 됩니다. 이처럼 son이라는 호칭은 정말 나이 차이가 많이 나는 경우가 아니거나 서로 어느 정도 친근한 관계가 아니면 대부분 상대방이 기분 나빠 합니다. 여러분들도 왜 기분 나쁠지 이해가 되지요.

WRAP UP

Useful expressions:

I'm sorry to keep you. 기다리게 해서 죄송합니다.

How can I help? 무슨 일을 도와드릴까요? 어떻게 오셨어요?

I'd like to book a flight to Fiji.
피지로 가는 비행기 좌석 하나 예약하고 싶습니다.

I was booked for speeding yesterday.
어제 속도위반으로 경찰에게 딱지를 떼었다.

I don't have anything for at least a month.
적어도 한달 동안 아무런 좌석이 없습니다.

All the flights are fully booked up for at least a month. 적어도 한 달 동안 모든 비행기 좌석의 예약이 다 찼어요.

busy season, high season, peak season 성수기

It doesn't matter. 상관없어요. 괜찮아요.

I'll make other arrangements.
다른 방도를 강구해 볼께요, 다른 계획을 세워보지요

All aboard! 모두 다 승차하세요!

Everybody off! 모두 버스에서 하차하세요!

ROLE PLAY

Agent **I'm sorry to keep you.**
기다리게 해서 죄송합니다.

Truman **That's okay.**
괜찮아요.

Agent **How can I help?**
무슨 일을 도와드릴까요?

Truman **I'd like to book a flight to Fiji.**
피지로 가는 비행기 좌석을 예약하고 싶습니다.

Agent **When would you like to leave?**
언제 떠나고 싶으신데요.

Truman **Today.**
오늘이요.

Agent **I'm sorry. I don't have anything for at least a month.**
죄송합니다. 한달 동안은 자리가 하나도 남아있지 않네요.

Truman **A month?**
한달이나요?

Agent **It's the busy season. You want to book the flight?**
지금이 성수기거든요. 항공 좌석 예약해드릴까요?

Truman **It doesn't matter. I'll make other arrangements. Okay.**
괜찮습니다. 다른 방도를 생각해보지요. 괜찮습니다.

CHECK UP

다음 우리 말 표현에 알맞게 영어 표현의 괄호를 채우시오.

1) 기다리게 해서 죄송합니다. = **I'm sorry to (   ) you.**

2) 어제 속도위반으로 경찰에게 딱지를 띠었다.
= I was (   ) for speeding yesterday.

3) 적어도 한 달 동안 모든 비행기 좌석의 예약이 다 찼어요.
= All the flights are fully booked (   ) for at least a month.

4) 다른 계획을 세워보지요. = **I'll (   ) other arrangements.**

5) 모두 다 승차하세요! = **All (   )!**

A TIP IN THE MOVIE

The Truman Show에서 방영되는 TV show와 비슷한 종류의 프로그램이 현재 미국이나 영국 그리고 독일 등에서 많은 전파를 타고 있습니다. 이와 같은 프로그램을 reality TV show라고 부릅니다. 즉 실제로 사람들이 생활하는 모습이나 범죄 현장을 직접 취재하여 방영하거나 아니면 어떤 세트 장에서 일정 기간 동안 생활하는 등장인물들의 실제 일거수일투족을 대본 없이 보여주는 방송입니다. 최근에 영국의 채널4라는 방송국의 reality TV show인 Celebrity Big Brother라는 프로그램에서 인도의 유명한 여배우인 쉴파 셰티가 인종적 모욕을 당했다고 인도인들이 크게 항의한 일도 있습니다. 이 Celebrity Big Brother라는 reality TV show는 유명인사들을 한 집에 모아놓고 며칠 동안 그들의 일거수일투족을 카메라에 담는 프로그램입니다. 대부분의 이들 reality TV show의 출연자들은 자신들이 show에 출연하고 있다는 사실을 알고 카메라가 자신을 언제 어디서나 따라 다닌다는 점을 인식하고 있습니다. 하지만 The Truman Show에 등장하는 남자 주인공 Truman Burbank는 자신이 전국 방송의 인기있는 reality TV show의 star라는 사실을 전혀 모르고 자신이 살고 있는 현실이 진정한 현실 즉 reality라고 생각하는 유일한 인물입니다. 그는 이 프로그램의 PD인 Christof가 조작하고 만들어낸 세계를 믿고 그것이 실제라고 생각하는 것입니다. 그래서 어떤 비평가들은 이 영화가 신과 인간의 관계를 은유적으로 표현하고 있다고 평가하기도 합니다. PD의 이름인 Christof가 예수 그리스도를 가리키는 Jesus Christ의 Christ에서 따온 것 같기도 합니다. 어쨌든 이 영화는 TV를 즐기는 현대 시청자들이 남의 인생을 재미 삼아 엿보는 점을, 즉 현대인들의 관음증을 영어로 하면 voyeurism을 비판하고 있다는 사실은 분명해 보입니다.

Chapter 4

커피 전문점에서

At a Coffee House

INTRO

장면 소개

이번 주에는 우리가 커피 전문점, 혹은 카페라고 부르는 곳에서 벌어질 수 있는 상황을 공부하겠습니다. 커피 전문점에서 가장 흔히 벌어지는 일은 커피의 종류를 선택하고 주문하는 일이겠지요. 우리나라에서는 보통 커피 종류만 이야기하면 모든 주문이 끝납니다. 하지만 커피를 좋아하는 미국인들이 자주 가는 Coffee House에서의 커피 주문은 좀 더 복잡합니다. 어떻게 영어로 주문하는지 이번 주에 알아보도록 하겠습니다. 그리고 커피 전문점에서는 커피를 들고 가다가 다른 사람과 부딪쳐서 커피를 쏟는 일도 생길 수 있겠지요. 그리고 남녀가 데이트를 하거나 또는 데이트 하자고, 사귀자고 작업 거는 일도 대개는 커피 마시는 곳과 관련이 있습니다. 그래서 이번 주에는 장면이 조금 길지만 이 모든 상황을 한꺼번에 볼 수 있는 영화 장면을 골랐습니다.

이번 주에는 멜 깁슨, 헬렌 헌트 주연의 왓 위민 원트 (What Women Want)에서 Nick (멜 깁슨)이 아침마다 들리는 Coffee House에서 벌어지는 장면을 공부하도록 하겠습니다. 헤어 드라이어에 감전되어 여성의 속마음을 읽게 되기 전의 Nick을 한마디로 표현하면 울트라 마초 남성 우월주의자이며 속물 바람둥이라고 할 수 있습니다. 어디에 가나 항상 촉각을 곤두세우는 것은 그럴듯해 보이는 여자 꼬셔서 하룻밤 즐기는 일입니다. 집에는 전날 함께 밤을 보냈던 여성의 속옷이 나뒹굴고 있는데 이 아침 Nick은 또다시 다른 여성을 꼬실려고 애쓰고 있습니다. 여성이 자신보다 윗자리에 있거나 자신보다 뛰어난 능력을 갖고 있다는 것은 참을 수 없어 하면서 처음 보는 여성에게는 친사처럼 친절합니다. 영어를 공부하는 여러분들도 어떤 경우에는 Nick이 보여주는 가식이 필요할 때도 있습니다. 그리고 또 Nick과 같은 밥맛 없는 남자를 보기 좋게 거절하는 방법을 알아야 할 필요도 있습니다. 이 모든 것을 한꺼번에 하나의 장면에서 보실 수 있게 됩니다. 이번 주에도 재미있고 유쾌한 영어공부 하시기를 바랍니다.

오늘의 표현

- I absolutely did not mean to do that.
- I'm mortified.
- Let me get the door for you.
- I'm not your type.
- Rumor has it that I'm getting some really big news at work today.
- I'll buy you a cup of coffee.
- Sorry, this'll just take a sec.

THE SCENE

00:05:40

(커피가게에서 커피 잔을 들고 나오던 여성과 부딪쳐서 커피가 엎질러짐)

NICK Oh, I'm so sorry! I absolutely did not mean to do that. Here, let me get that for you.
오, 정말 죄송합니다. 절대로 이렇게 될 줄 몰랐습니다. 제가 해 드리지요.

GIRL It's okay.
괜찮아요.

NICK No, no, no. I'm mortified. Really, here, I can see your hands are full...
아니, 아닙니다. 저는 정말 마음이 쓰리도록 아픕니다. 정말입니다. 손에 가득 들고 계셔서…

GIRL Okay, thank you.
괜찮습니다. 고마워요.

NICK …let me, let me…sorry, let me get the door for you.
제가, 제가, 죄송합니다. 제가 문 열어 드릴께요.

GIRL Thank you.
고맙습니다.

NICK No, thank you.
아닙니다. 제가 고맙지요.

(가게 안에서 커피 주문 받고 있는 로라)

LOLA Half-caf grande, non-fat, thick foam, wet cap, no lid.
카페인 절반, 그랑데 잔, 지방 없는 우유, 거품 가득,웻 카푸치노, 뚜껑 없이.

CO-WORKER Half-caf grande, non-fat, thick foam, wet cap, no lid.
카페인 절반, 그랑데 잔, 지방 없는 우유, 거품 가득,웻 카푸치노, 뚜껑 없이

WOMAN Thank you.
고마워요.

LOLA Oh, hi, Nick.
안녕, 닉

NICK Ah, Lola my love. When are you gonna let me buy you dinner?
아, 로라 내사랑. 언제 나에게 저녁 사게 해 줄거요?

LOLA Nick, I don't know why you don't believe me. I'm not your type. Trust me on this one.
닉 왜 내 말을 안 듣는지 모르겠네. 나는 당신 타입이 아니예요.
이 점에 대해서는 내 말을 믿어요.

(동료를 돌아보면서)

LOLA Cappuccino, extra foam.
카푸치노, 거품은 굉장히 많게.

(다시 닉을 바라보면서)

LOLA Tall, or grande?
톨 잔으로 아니면 그랑데 잔으로?

NICK Grande.
그랑데 잔으로

LOLA Ha…next!
다음 분!

NICK You know, rumor has it that I'm getting some really big news at work today. Why don't you come out with me and celebrate? I'll buy you a cup of coffee.
당신 알아. 내가 오늘 직장에서 굉장히 좋은 소식 있을 거란 소문이 있다는 것. 나랑 같이 밖에 나가서 축하해주지 않을래요? 커피 한 잔 살께.

LOLA Memo to you: I work in a coffee shop.
당신에게 전하는 전갈이 있어요. 저는 커피 전문점에서 일합니다.

(뒤에 있는 다른 손님을 바라보면서)

LOLA Hi, what can I get you?
안녕하세요. 무엇을 드릴까요?

MAN Hi, I'll take...
안녕하세요. 저는….

NICK You want me to stop asking you out, Lola?
당신 내가 데이트 하자고 요청하는 것 그만두기를 바래요, 로라?

(뒤에 있는 손님에게)

NICK Sorry, this'll just take a sec.
미안합니다. 금방이면 됩니다.

(다시 로라를 보면서)

NICK Because, Lola, if that's what you want, I'll stop. All you have to do is give me the word and I'll stop.
로라, 왜냐하면 당신이 원하는 게 그것이라면 나 그만두겠어.
당신이 내게 그말만 하면 나는 그만 두겠소.

LECTURE

NICK Oh, I'm so sorry! I absolutely did not mean to do that. Here, let me get that for you.

GIRL It's okay.

NICK No, no, no. I'm mortified. Really, here, I can see your hands are full...

GIRL Okay, thank you.

NICK …let me, let me…sorry, let me get the door for you.

GIRL Thank you.

NICK No, thank you.

Nick이 커피 전문점 문을 열고 들어가다가 한 매력적인 여성이 커피를 여러잔 들고 나오는 것을 봅니다. 바람둥이 Nick은 당장 작업을 걸어야겠다는 생각이 들었고 일부러 부딪쳐서 커피를 엎지릅니다. 물론 Nick은 미안하다고 합니다. Oh, I'm so sorry! 미안하다는 것을 강조할 때 보통 so sorry라고 so를 앞에 붙이면 됩니다. 자신이 의도적으로 그런 것이 아니라는 점을 강조하려고 이렇게 말합니다. I absolutely did not mean to do that. 절대로 그렇게 할 의도가 있었던 것은 아닙니다. 이렇게 될 줄 몰랐어요. mean은 의미하다 라는 뜻도 있지만 이런 경우에는 의도하다, 계획하다의 뜻으로 쓰이고 있습니다. 흔히 하는 표현으로 I mean it 이라는 표현이 있는데 이 말은 자기가 한 말을 그냥 농담삼아 한 것이 아니라 의도하고 계획한 것이다 라는 뜻입니다. 즉 진담이야라는 뜻으로 쓰이는 표현입니다. 진담이다 라는 말은 다른 표현으로 I am serious라고도 합니다. 반대말은 당연히 I didn't mean it 진담이 아니었어라고 하거나 I was just kidding이라고 하면 됩니다. 다시 한번 정리하면 진담이야 라는 뜻으로 I mean it, I am serious라고 하면 되고 진담이 아니었어, 그냥 농담이었어 라고 하려면 I didn't mean it, I am not serious라고 하거나 I was just kidding이라고 하면 됩니다.

이 매력적인 여성에게 접근해보려고 일부러 부딪힌 Nick은 그래서 더욱더 자신이 일부러 그런게 아니라는 것을 강조하고 있는 것입니다. 우리말로 고의가 아니었어 라는 뜻으로 I absolutely did not mean to do that을 사용하면 되겠지요. 여성의 윗도리에 커피가 엎질러져 묻은 것을 보고 이 바람둥이는 그래서 한 번 더 이렇게 말합니다. Here, let me get that for you. 당신을 위해서 제가 해드릴게요 라는 뜻인데 지금 여성이 들고 있는 냅킨으로 이 여성의 가슴팍에 묻은 커피 자국을 닦아 주겠다는 뜻입니다. 그러면서 처음 만난 이 여성의 가슴을 마구 문지르는데요 Nick의 엉큼한 속셈을 알만합니다. 하지만 우리가 여기서 배울 점은 Nick의 그런 엉큼한 술수가 아니라 남에게 친절을 베풀 때 여러 다양한 상황에서 let me get that for you라는 표현이 가능하다는 것입니다. 곧 이 표현이 한번 더 나오니 그때 더 자세히 공부하도록 하겠습니다.

이 여성은 괜찮다고 It's okay라고 합니다. 괜찮다는 표현은 여러 번 공부했습니다. 이 여성은 자신의 가슴을 문지르고 있는 Nick의 엉큼한 속셈을 눈치챘는지 못챘는지 모르지만 Nick의 친절에 당황스럽기도 하지만 기분이 좋아보이기도 합니다. Nick이 계속해서 말합니다. No, no, no. I'm mortified. mortify라는 동사는 보통 수동태로 쓰여서 주어의 감정 상태를 표현하는 동사입니다. I'm mortified라고 하면 마음이 쓰리고 아플 정도로 창피하고 당황스럽다는 뜻입니다. 상대 여성이 괜찮다고 하는데도 이 일을 빌미로 수작을 걸어보려는 Nick이 자신의 상황을 굉장히 과장해서 표현하고 있기는 하지만 보통 굉장히 미안하고 쑥스러운 상황에서 자신의 진심을 표현할 때 매우 적절하게 사용할 수 있는 말입니다. Nick이 계속해서 말합니다. Really, here, I can see your hands are full... Really는 정말입니다. 이 정도의 표현입니다. I can see your hands are full…은 이 여성이 두 손에 모두 커피 잔을 들고 있어서 자신이 커피가 엎질러진 가슴팍을 닦아 주고 있다는 변명입니다. 뒤에 빠진 말을 보충해보면 I can see your hands are full of cups of coffee. 정도가 되겠지요. 여성은 계속해서 Okay, thank you를 연발하면서 웃습니다.

Nick이 문쪽으로 가는 여성을 따라가면서 이렇게 말하지요. …let me, let me…sorry, let me get the door for you. 아까도 나온 표현인데요, let me get that for you 혹은 이처럼 문을 열어 주려고 할 때는 let me get the door for you라는 표현으로 다른 사람에게 친절을 표현할 수 있습니다. 제가 문을 열어 드릴께요. 이런 상황에서는 let me open the door for you라고 해도 되겠지요. 여성이 나가면서 다시 thank you라고 하니까 Nick이 대답으로 No, thank you 라고 합니다. 여기서는 보통 우리가 아는 No thank you의 의미가 아닙니다. 보통 No thank you는 상대의 제안이나 친절을 거절할 때 사용하는 말인데요, 여기서 Nick이 하는 No, thank you는 아니에요, 제가 당신에게 고맙지요 라는 뜻입니다. 이 말이 잠깐이지만 자신에게 낯 모르는 여성의 가슴을 문지를 수 있는 즐거운 시간을 갖게 해주어서 고맙다는 뜻인지, 아니면 상대가 화를 안내고 오히려 고맙다고 해서 고맙다는 것인지 엉큼한 Nick의 속마음을 알 수는 없지요.

LECTURE

LOLA Half-caf grande, non-fat, thick foam, wet cap, no lid.

CO-WORKER Half-caf grande, non-fat, thick foam, wet cap, no lid.

WOMAN Thank you.

LOLA Oh, hi, Nick.

NICK Ah, Lola my love. When are you gonna let me buy you dinner?

LOLA Nick, I don't know why you don't believe me. I'm not your type. Trust me on this one.

Lola가 커피 주문을 받고 있습니다. 우리는 보통, 물론 안 그런 사람도 있겠지만 대개 커피를 주문할 때 그냥 블랙커피, 카페라떼, 혹은 카푸치노 이렇게 시키면 끝납니다. 그런데 미국의 일부 커피 전문점, 가장 유명한 것은 스타벅스겠지요. 이런 일부 커피 전문점에서 커피를 주문할 때는 보다 전문적인 용어가 필요합니다. 여기서 그 전문적 용어를 좀 배워보도록 하겠습니다. Lola가 금방 받은 주문의 내용은 다음과 같습니다. Half-caf grande, non-fat, thick foam, wet cap, no lid. Half-caf는 카페인이 절반 있는 이라는 뜻입니다. De-caf는 카페인이 전혀 없는 이라는 뜻이지요. Grande는 그랑데라고 발음하고요, 잔의 크기를 지칭하는 용어입니다. 커피를 마시는 잔의 크기는 네 가지가 있습니다. Short, tall, grande 그리고 Venti, short은 가장 작은 잔인데 8온즈 약 237ml의 크기입니다. Tall은 그 다음 크기이며 12온즈 약 355ml의 크기이고요 grande는 두 번째로 큰 사이즈로 16온즈 473ml의 크기입니다. Venti는 가장 큰 사이즈로 미국 사람도 혼자서 잘 안 마시는 크기입니다. 20온즈 약 591ml의 양입니다. 그 다음에 non-fat이라는 용어를 이해하기 위해서는 커피를 어떻게 만드는지 이해해야 합니다. 원래 모든 커피는 에스프레소에서 출발합니다. 커피의 정수라고 할 수 있고요 아주 진한 커피 엑기스입니다. 이 에스프레소에 물을 많이 타면 아메리카노 즉 미국인들이 즐겨 마시는 연한 블랙 커피가 됩니다. 그런데 이 에스프레소에 스팀한 뜨거운 우유를 듬뿍 타고 우유

거품을 얹어서 계피를 조금 뿌려주면 카푸치노가 됩니다. 여기서 non-fat이라고 하는 것은 이 우유가 지방을 완전히 뺀 무지방 우유여야 한다는 것입니다. 절반만 지방을 뺀 것은 half-fat이고요, 하나도 안 뺀 것은 full-fat입니다. Thick foam은 거품을 많이 만들어달라는 주문입니다. 그 다음에 wet-cap이라는 말이 가장 전문적인 용어일 수 있는데요, 여기서 cap은 카푸치노의 준말입니다. 카푸치노에는 두 가지 종류가 있는데요, wet-cap과 dry-cap이 있습니다. Wet-cap은 뜨거운 우유는 많이 타고 우유거품은 적게 하는 것이고 dry-cap은 뜨거운 우유는 적게 타고 우유 거품은 많이 하는 것입니다. 그러니까 이 손님은 아까 thick foam이라고 해서 거품도 많이 해주면서 우유도 많이 타달라고 하는 것입니다. 그리고 그 뒤에 no lid는 컵에 뚜껑을 덮지 말라는 뜻입니다. 거품을 많게 해달라고 했는데 뚜껑을 닫아버리면 그 참 맛을 잃어버리겠지요. 여기까지 커피에 대한 전문용어를 설명했습니다. 주문했던 손님이 Thank you하면서 커피를 가져갑니다.

Lola가 Nick을 보고 인사를 합니다. 그러자 여기서도 Nick은 바람둥이의 기질을 발휘합니다. Ah. Lola my love. 로라 내 사랑이라고 시작하는군요. When are you gonna let me buy you dinner? 언제 내게 저녁 사게 해줄 거예요? 벌써 또 작업을 걸기 시작합니다. 로라가 대답합니다. Nick, I don't know why you don't believe me. 닉 왜 내 말을 안 믿는지 모르겠군요. 그 전에도 로라가 여러 번 말을 했나 보군요. I'm not your type. 나는 당신 타입이 아니예요. 우리도 이런 경우 이렇게 똑같이 이야기 합니다. 정말 마음에 드는 이성을 보면 솔직하게 이렇게 말 할 수 있습니다. You are my type.

계속해서 Lola가 이야기합니다. Trust me on this one. 이 점에 대해서는 제 말을 믿으세요. 당신이 내 타입이 아니라는 것 확실하니까 내 말을 믿으세요 라는 뜻입니다. 어려운 상황이지만 나를 믿고 나를 의지하라고 말하고 싶을 때도 Trust me라고 말하면 됩니다. 아버지가 아들에게, 남자친구가 여자친구에게 할 수 있는 말, Trust me 난 너를 배신하지 않아. 날 믿어 라는 뜻입니다.

LECTURE

LOLA Cappuccino, extra foam.

LOLA Tall, or grande?

NICK Grande.

LOLA Ha…next!

NICK You know, rumor has it that I'm getting some really big news at work today.

Why don't you come out with me and celebrate? I'll buy you a cup of coffee.

LOLA Memo to you: I work in a coffee shop.

Nick이 이 가게에 거의 매일 오다시피 하니까 무엇을 주문할지 Lola는 이미 다 알고 있습니다. 뒤에 있는 동료에게 말합니다. 카푸치노에 extra foam 거품은 굉장히 많이. 잔 크기는 무엇으로 할지 물어봅니다. Tall or grande? Nick이 grande라고 대답합니다. 이 가게에 지금 굉장히 많은 사람들이 커피 사려고 뒤에 줄 서서 기다리고 있습니다. 그래서 Lola가 그 다음 사람 주문을 받으려고 Ha Next! 라고 합니다. Nick이 거기에 상관하지 않고 계속 데이트 한 번 해보려고 작업을 겁니다.

You know, rumor has it that I'm getting some really big news at work today. 오늘 회사에서 나에게 굉장히 큰 소식이 기다리고 있다는 소문이 있어. 승진한다는 소문을 말하고 있습니다. 여기서 rumor has it that으로 시작하는 구문은 이러이러한 소문이 있다라고 표현할 때 쓰는 어구입니다. Rumor has it that she was engaged. 그녀가 약혼했다는 소문이 있더라. Rumor has it that he is going to resign tomorrow. 그가 내일 사퇴할거라는 소문이 있어. rumor 대신에 tradition을 집어넣어서 tradition has it that … 하면 이러이러한 전통이 있다라는 뜻이고 legend를 집어넣어서 legend has it that … 이라고 하면 이러이러한 전설이 있다라는 뜻입니다. 이 구문 잘 기억하기 바랍니다. Why don't you come out with me and celebrate? 나랑 같이 나가서 축하해주지 않을래요? Why don't you… 는 가볍게 어떤 일을 제안할 때 쓰는 말입니다. Why don't you talk with me over a cup of coffee? 라고 하면 커피 한잔 하면서 저랑 얘기 좀 하지 않을래요? 라는 뜻입니다. 여기서 come out with me라는 말에서 쓰이는 out은 보통 밖에 나가서 데이트 한다는 뜻으로 쓰이는 단어입니다. He wanted to go out with me. 라고 하면 그는 나와 데이트하고 싶어했다 라는 뜻입니다. 좀 있다가 곧 나올 표현이지만 He asked me out. 이라고 하면 데이트를 요청하다 라는 뜻입니다. Nick이 계속해서 데이트를 신청합니다. I'll buy you a cup of coffee. 커피 한 잔 사드릴께요. 너무나 고전적인 데이트 신청 방법이지요. 하지만 이 방법만큼 효과적인 방법도 없습니다. 그러니 여러분도 나중에 데이트를 신청하기 위해서나 좋은 친구를 사귀기 위해 필요한 이 말을 꼭 외어 두시기 바랍니다.

하지만 지금 Nick은 상대가 커피 전문점에서 일하고 있는 여성이라는 사실을 잊은 것 같군요. 그래서 Lola가 이렇게 말합니다. Memo to you: I work in a coffee shop. 당신에게 전하는 전갈이 있어요. 저는 커피 전문점에서 일합니다. 여기서 Memo to you라고 하는 것은 너무나 뻔한 사실을 Nick이 잊고 있다는 점을 상기시키고 있는 것입니다. 분명히 기억해둬야 할 일을 보통 메모로 적어두거나 남에게 전해주는데 여기서 현재 글로 적을 수도 없는 상황이기 때문에 약간 농담조로 이렇게 말하는 것이지요.

LECTURE

LOLA Hi, what can I get you?

MAN Hi, I'll take...

NICK You want me to stop asking you out, Lola?

NICK Sorry, this'll just take a sec.

NICK Because, Lola, if that's what you want, I'll stop. All you have to do is give me the word and I'll stop.

지금 뒤에 손님이 밀려있기 때문에 Lola가 뒤에 기다리는 손님의 주문을 받으려고 합니다. Hi, what can I get you? 안녕하세요 무엇을 드릴까요? 영어에서 get이라는 단어는 매우 흔하고 다양하게 자주 쓰이는 단어입니다. Get만 제대로 쓰면 여러분들이 써야 하는 영어의 3분의 1은 해결됩니다. 손님이 주문을 하려고 합니다. Hi, I'll take… 그러자 Nick이 끼어들지요. You want me to stop asking you out, Lola? 내가 당신에게 데이트 신청하는 것 그만두기를 바라나요, 로라? 아까 ask you out이 데이트를 신청한다라는 뜻이라고 설명했지요. 그러면서 뒤에 있는 손님에게는 Sorry, this'll just take a sec. 이라고 합니다.

이 때 sec은 second의 준말입니다. 잠깐이면 됩니다. 이럴 때 비슷한 말로 Wait a minute! Just a minute라는 말을 사용해도 됩니다. 물론 just a moment! 라는 말도 비슷한 말입니다. Nick이 계속해서 Lola에게 말합니다. Because, Lola, if that's what you want, I'll stop. 그게 당신이 원하는 것이라면 나 그만 두겠소. 즉 데이트 신청하는 것을 그만두겠다는 말이지요. 계속해서 말합니다. All you have to do is give me the word and I'll stop. 당신이 해야 할 일은 그 말만 나에게 해주면 되는 거예요. 그러면 난 그만 두겠어요. All you have to do라는 구문도 자주 쓰이는 구문입니다. 요즘 인터넷에서 네티즌을 유혹하는 영어 문장은 대개 이런 것들입니다. All you have to do is click on the button. 당신이 할 일은 이 버튼만 클릭하면 됩니다. 네가 할 일은 다른 게 아니고 바로 이거야 라는 점을 강조하는 문장입니다.

여러분들 Extreme의 More than words라는 노래 알고 계시나요. 거기에 나오는 가사 중에 이런 것이 있습니다. More than words is all you have to do to make it real. 사랑을 진정한 것으로 만들기 위해 당신이 해야 할 일은 말이 아니라 그 이상의 것이지요. 말로만 사랑한다고 해서 사랑이 진실해지지는 않는다는 뜻이지요. 어쨌든 Nick에게 Lola가 어떤 대답을 했는지는 여러분들이 직접 찾아보시기 바랍니다. 이번 주 수업이 너무 길어져서 여기서 강의는 마치겠습니다.

EXPRESSION TIPS

Out and about

out은 여러 가지 뜻으로 쓰일 수 있지만 이처럼 바깥에 나가서 어떤 활동을 한다는 뜻으로 쓰일 때는 꼭 데이트가 아니라도 단순히 밖에서 외식을 하거나 영화를 보거나 외출을 한다는 뜻으로도 쓰입니다. 그래서 Do you eat out a lot? 이라고 물어보면 당신은 외식을 많이 합니까? 라고 묻는 말이지요. Out and about이라는 표현은 몸이 많이 아파서 외출을 한참 못하다가 다시 외출도 하고 사람도 만나고 평상의 활동을 다시 시작했다는 뜻으로 쓰입니다.
I should be out and about again by next week. 나는 다음 주까지는 다시 정상적으로 돌아다닐 수 있어야 합니다.

WRAP UP

Useful expressions:

I absolutely did not mean to do that.
절대로 그렇게 할 의도가 있었던 것은 아닙니다. 고의가 아니었어요.

I mean it.
진심입니다. 진담입니다.

I'm mortified.
정말 창피하고 당황스럽습니다.

Let me get the door for you.
제가 문을 열어드릴께요.

You are my type.
당신은 제 타입이에요. 당신은 저의 이상형이에요.

Rumor has it that she was engaged.
그녀가 약혼했다는 소문이 있더라.

Why don't you come out with me and celebrate?
나랑 같이 나가서 축하해주지 않을래요?

He wanted to go out with me.
그는 나와 데이트하고 싶어했다

I'll buy you a cup of coffee.
커피 한 잔 사드릴께요.

He asked me out
그가 나에게 데이트 하자고 요청했다.

This'll just take a sec.
잠깐이면 됩니다.

ROLE PLAY

NICK Oh, I'm so sorry! I absolutely did not mean to do that.
Here, let me get that for you.
오, 정말 죄송합니다. 절대로 이렇게 될 줄 몰랐습니다. 제가 해 드리지요.

GIRL It's okay.
괜찮아요.

NICK No, no, no. I'm mortified.
Really, here, I can see your hands are full...
아니, 아닙니다. 저는 정말 마음이 쓰리도록 아픕니다. 정말입니다. 손에 가득 들고 계셔서…

GIRL Okay, thank you.
괜찮습니다. 고마워요.

NICK …let me, let me…sorry, let me get the door for you.
제가, 제가, 죄송합니다. 제가 문 열어 드릴께요.

GIRL Thank you.
고맙습니다.

NICK No, thank you.
아닙니다. 제가 고맙지요.

CHECK UP

다음 우리 말 표현에 알맞게 영어 표현의 괄호를 채우시오.

1) 절대로 고의가 아니었어요.
= I absolutely did not (　　　　) to do that.

2) 정말 창피하고 당황스럽습니다.
= I'm (　　　　).

3) 그녀가 약혼했다는 소문이 있더라.
= Rumor (　　　　) it that she was engaged.

4) 나랑 같이 나가서 축하해주지 않을래요?
= Why (　　　　) you come out with me and celebrate?

5) 그가 나에게 데이트 하자고 요청했다.
= He asked me (　　　　).

A TIP IN THE MOVIE

이 영화 What Women Want는 최근에 로맨틱 할러데이라고 소개된 영화를 감독한 낸시 메이어스가 감독하고 멜 깁슨과 헬렌 헌트가 주연한 영화이며 2000년에 제작되었습니다. 멜 깁슨은 이 영화에서 여자들에게 인기는 좋지만 하룻밤 육체 관계를 얻기 위해 여성들에게 호의를 베풀고 관심을 가질 뿐 그 이상의 깊은 관계를 원하지 않는 남성 Nick으로 등장합니다. 한마디로 playboy, 혹은 Don Juan이라고 불리는 남성이지요. 이런 남성을 일컫는 말로 libertine 또는 rake 라는 단어도 있습니다. 또 다른 남자들에게는 존경 받고 찬탄을 받는 a man's man입니다. 하지만 자신이 승진할 것이라고 믿었던 자리를 한 유능한 여성 달시 맥과이어가 차지하고 자신이 그녀의 밑에서 눌려 지내야 한다는 사실을 참을 수 없어 합니다. 어느 날 헤어드라이어를 잘못 다루는 바람에 여성의 속마음을 들을 수 있는 귀를 가지게 된 Nick은 달시의 아이디어를 훔쳐서 승진가도를 달립니다. 그러나 닉은 여성의 마음을 읽게 되고 달시의 생각을 알게 되면서 여성들을 진정으로 이해하고 달시를 사랑하게 되었다는 사실을 깨닫습니다. 남성과 여성의 관계는 지배와 복종의 관계도 아니며 육체적 만족만을 해결하기 위해 필요한 관계도 아니라는 것을 이 영화는 말하고 있습니다. 남성과 여성의 진정한 관계는 서로의 마음을 진정으로 이해하고 공감하는 데서 출발할 수 있다는 것이지요. 남성이나 여성이 진정으로 매력적인 이유는 상대를 진심으로 배려해주고 아껴주는데 있다는 단순한 진리를 말하고 있습니다. 서로에 대한 sympathy가 필요하다는 말입니다. 여러분도 이 진리를 깨달아서 모두 sweet guy, sweet girl이 되기를 바랍니다.

Chapter 5

교통경찰에게 걸렸을 때

Stopped by a Policeman

INTRO

장면 소개

이번 주에는 차를 몰고 가다가 교통경찰에게 걸렸을 때 어떤 대화가 오고 갈 수 있는지 공부하도록 하겠습니다. 물론 교통경찰에게 적발될 수 있는 교통법규 위반 사항은 여러 가지가 있을 수 있습니다. 이번 주에는 그 중에서도 안전벨트 미착용으로 걸렸을 때 교통경찰이 어떤 어휘를 사용하고 또 거기에 어떻게 대응해야 하는지를 알아보도록 하겠습니다. 교통 경찰에게 걸렸을 때 여러분들은 대개 온순하게 대응하는 것이 상책입니다. 하지만 어떤 경우에는 강하게 자신의 입장을 밝히는 것도 유리할 수도 있습니다. 어쨌든 교통경찰에게 걸렸을 때, 흔하지는 않지만 반드시 익혀 두어야 하고 익혀 두면 굉장히 유익한 상황을 영어로 연습해 보겠습니다.

이번 주에 배울 장면은 미국의 ABC 방송국이 내놓은 초히트 드라마 위기의 주부들 (Desperate Housewives)에 나온 장면입니다. 리네트 스카보는 장난꾸러기 쌍둥이 아들과 그 밑에 아들 그리고 갓난아기까지 아이 넷을 둔 엄마입니다. 이 아이들 통제하기는 정말 어렵고 쌍둥이 아들 둘은 가히 상상을 초월합니다. 이 아이들을 차 뒤 좌석에 태우고 리네트 혼자 차를 몰고 오는데 아이들은 모두 안전 벨트를 풀고 뒤에서 난장판을 벌이고 있습니다. 이 장면을 지나가는 교통 경찰관이 목격하고 리네트의 차를 정지시킵니다. 이 경찰관과 리네트 사이에 어떤 대화가 오고 가는지 그리고 위기의 상황을 넘어서서 어떻게 리네트가 경찰관을 압도하는지 재미있게 감상하고 좋은 영어 배우시기 바랍니다.

오늘의 표현

- Buckle up!
- License and registration, please.
- I have a theory.
- It's very frustrating.
- I'm gonna have to ask you to step back now.
- I'm just gonna let you off with a warning.
- I accept your apology.

THE SCENE

Season 1, episode 2, 13:54–15:48

Lynette Boys, Guys, I beg. God! Sit in your seats. I'm not gonna tell you again. Buckle up! I mean it, so help me. (경찰 차의 사이렌이 울린다) Oh! Shoot! Crap!

애들아, 이 친구들아, 내가 간청한다. 하나님 맙소사! 자리에 앉아라. 다시 이야기 안 할거야. 안전벨트를 매라고. 진담이야. 나 좀 도와줘. 오! 젠장! 제기랄!

Boys I was playing with it first.

내가 처음 그것 가지고 놀았어.

Police License and registration, please. Ma'am! You know why I pulled you over?

운전면허증과 차량등록증 좀 부탁합니다. 아주머니 왜 내가 당신을 멈추게 했는지 아시나요.

Lynette I have a theory.

추측은 할 수 있어요.

Police Kids jumping up and down should be sitting wearing seat belts.

뛰어다니는 아이들은 안전벨트를 매고 앉아야 합니다.

Lynette I yelled at them. They never listen to me. It's very frustrating.

얘들에게 소리도 질렀어요. 전혀 내 말을 안 들어요. 정말 맥빠져요.

Police You have to find a way to control them. After all, that's your job.

얘들을 통제할 방법을 찾아야 합니다. 결국 그건 당신의 일입니다.

Lynette (차 밖으로 나오면서) Are you saying I'm a bad mother?

당신 지금 나에게 나쁜 엄마라고 말하는 겁니까?

Police Ma'am, you need to get back in your car, please.

아주머니, 제발 차로 돌아가 주세요.

Lynette I have no help. My husband's always away on business.

도와주는 사람도 없어요. 남편은 항상 일 때문에 나가 있어요.

Police (손을 총에 대면서) I'm gonna have to ask you to step back now.

이제 뒤로 물러서라고 당신에게 요구할거예요.

Lynette My babysitter joined the witness relocation program.
I haven't slept through the night in six years.

유모는 법정증인 전출 프로그램 때문에 집에 없어요. 6년 동안 한번도 밤에 안 깨고 쭉 자본 적이 없어요.

Police Ma'am!

아주머니!

Lynette And for you to stand there and judge me!

그런데 당신은 거기 서서 나를 판단하다니!

Police O.K. I'm not gonna give you a ticket.
I'm just gonna let you off with a warning.

좋아요. 딱지는 떼지 않겠어요. 훈방으로 보내주겠어요.

Lynette I accept your apology.

당신의 사과를 받아드리지요.

Boys Mom, he's kicking me again.

엄마, 얘가 나를 또 발로 차요.

Police Buckle up!

안전벨트를 매거라!

LECTURE

Lynette	Boys, Guys, I beg. God! Sit in your seats. I'm not gonna tell you again. Buckle up! I mean it, so help me. (경찰 차의 사이렌이 울린다) Oh! Shoot! Crap!
Boys	I was playing with it first.
Police	License and registration, please. Ma'am! You know why I pulled you over?
Lynette	I have a theory.
Police	Kids jumping up and down should be sitting wearing seat belts.
Lynette	I yelled at them. They never listen to me. It's very frustrating.
Police	You have to find a way to control them. After all, that's your job.

지금 Lynette가 차를 몰고 가고 있는데 뒷좌석에서 아이들이 난장판을 벌이고 있습니다. 도저히 운전에 집중하기 힘든 상황이지요. 그래서 그녀가 아이들에게 간청을 합니다. Boys, Guys 남자애들을 부르는 호칭입니다. I beg. 간청한다, 제발 정도의 뜻입니다. 이 beg라는 단어가 들어가면 대체로 공손한 표현이 됩니다. 가장 유명한 표현으로 I beg your pardon이라는 표현이 있지요. I beg your pardon이라는 표현도 상황에 따라 다른 뜻이 됩니다. 식당에서 나가려는데 다른 사람이 내 신발을 신는 경우가 있지요. 이럴 때 공손하게 죄송한데요, 그거 제 신발인 것 같습니다. 라고 말하는 경우가 있지요. 이것을 영어로 I beg your pardon, I thought that was my shoes. 라고 하면 됩니다. 이때 뒤의 문장을 thought나 was를 사용해서 과거형을 쓰는 것이 현재형을 쓰는 것보다 더 공손한 표현입니다. 이때 I beg your pardon이라고 말할 때는 문장의 뒷부분 intonation을 즉 강세를 내려줍니다. 또 다른 뜻으로 더 자주 쓰는 경우는 상대의 말을 못 알아 들었을 때 무슨 말씀하셨지요? 혹은 한번 더 말해주세요 라는 뜻으로 쓰는 경우입니다. 이때는 문장의 뒷부분 강세를 올려줍니다. 세 번째의 뜻으로는 상대가 믿기 힘들 정도의 기분 나쁜 말을 했을 때 너 뭐라고 했어? 다시 한번

말해봐 응 이 정도의 의미로 쓰입니다. 이때도 역시 문장의 뒷부분 강세를 올려줍니다. God!은 하나님 맙소사 정도의 뜻이지요. Sit in your seats. 일어서서 서로 치고 받고 싸우는 아이들에게 자기 자리에 가 앉으라고 합니다. 애들이 엄마 말을 들을 리가 없지요. 그래서 한 번 더 경고하지요. I'm not gonna tell you again. 다시 이야기 안 할거야. 이다음에는 말로 안하고 체벌을 가 하겠다는 말인데 이것도 먹혀 들지 않습니다. 그래서 다시 한 번 외칩니다. Buckle up! 우리가 안전벨트를 매라고 말할 때 영어로는 Buckle up! 이라고 합니다. Put on your seat belt! 혹은 Fasten your seat belt! 라고 말해도 안전벨트를 매라는 뜻입니다. 이런 표현은 자동차뿐만 아니라 선박이나 비행기 안에서도 사용됩니다. 그래도 애들이 말을 안 들으니까 다시 I mean it, so help me. 라고 말하지요. I mean it. 저번 시간에 배운 것 기억나지요. 농담이 아니야, 진담이야 라는 뜻이지요. 이때 경찰차의 사이렌이 울리고 경찰차가 따라 오는 것이 보입니다. 그래서 Lynette가 자신도 모르게 Oh, Shoot, Crap이라는 말을 하는데요 이건 우리말로 젠장, 제기랄 하는 정도의 뜻이라고 알아두면 됩니다. 이런 말은 무슨 뜻인지 그냥 알아두면 되는 것이고 너무 잘 하려고 애쓸 필요는 없습니다. 아이들은 이런 상황에도 상관없이 서로 싸우고 있습니다. I was playing with it first. 내가 먼저 그것 갖고 놀았어. 그러니까 그건 내 것이다라고 싸우고 있는 것이지요. 경찰이 다가와서 말합니다. License and registration, please. 운전면허증과 차량등록증을 보여주세요. 교통경찰이 차량을 정지 시키고 처음 말하는 정례화된 말이지요. 자격증 같은 것은 대개 다 license라고 합니다. Register는 원래 등록한다는 뜻입니다. 그래서 registration이 이 상황에서 차량등록증이라는 뜻이 되는 것이지요. 경찰이 계속해서 말하지요. Ma'am! You know why I pulled you over? 아주머니, 제가 왜 정지시켰는지 아시나요? 이런 상황에서 pull over라는 표현은 자주 쓰이는 표현입니다. Pull over란 차량을 멈추기 위해 인도가까이로 차를 갖다 대는 것을 말합니다. 경찰이 차량을 검문하기 위해 정지시킬 때는 대개 pull over시킨다는 것을 여러분은 이제 이해하실 겁니다. 해안가에 배를 대는 것도 역시 pull over라고 합니다. 예를 들면 이렇게 말할 수 있겠지요. The policeman ordered the wild driver to pull over. 경찰이 난폭 운전자에게 차를 길가에 대라고 지시했다. Pull over를 붙여서 한 단어로 쓰면 전혀 다른 뜻이 됩니다. Pullover란 머리부터 뒤집어 써서 입는 옷을 가리킵니다. 스웨터 등이 여기에 포함되겠지요.

그러자 Lynette가 대답합니다. I have a theory. 이 표현도 매우 적절한 상황에서 유용하게 사용되는 좋은 표현입니다. 그냥 직역하자면 나는 어떤 이론을 갖고 있어 라는 뜻인데요, 여기서 theory란 어떤 확실한 증거나 물증 없이 생각이나 추측만으로 갖게 되는 이론을 말합니다. 그래서 이런 상황에서 I have a theory란 추측은 할 수 있겠네요. 정도의 뜻이라고 생각하면 됩니다. 나름대로의 의견을 갖다, 견해를 갖다의 뜻도 있습니다. 경찰관이 말합니다. Kids jumping up and down should be sitting wearing seat belts. Kids jumping up and down이란 뛰고 난리치는 아이들 정도의 뜻이겠지요. Seat belts가 여기서는 안전벨트를 말하겠지요. 안전벨트를 차고 있다라는 상태를 나타낼 때는 wearing seat belts라고 할 수도 있습니다. 이리 뛰고 저리 뛰는 아이들은 안전벨트를 매고 앉아있어야 합니다. 경찰관이 이렇게 말하는 것이지요. Lynette가 대답합니다. I yelled at them. Yell 은 소리지른다는 뜻이지요. Yell 뒤에 at이나 for를 갖고 와서 많이 쓰입니다. He yelled for help. 그는 도와달라고 비명을 질렀다. 계속 말합니다. They never listen to me. 아이들이 내 말을 안 들어요. 여기서는 말을 해도 하라는 대로 따라 하지 않는다는 뜻이지요. 이럴 때도 listen을 써서 They never listen to me.라고 하면 됩니다. It's very frustrating. frustrate라는 단어도 자주 쓰이는 단어인데요 이런 상황에서는 애들에게 아무리 말해도 애들에게 통하지는 않으니 실망스럽고 좌절감만 들고 자기가 원하는 대로 일이 되지 않아 맥 빠진다고 혹은 낙담했다고 말하는 것입니다. 여러분들이 아무리 공부를 열심히 해도 다음 날 다시 보면 헷갈리고 시험 날 시험지를 받아 들면 뭐가 뭔지 분간이 안 길 때 이럴 때 It's very frustrating이라고 하면 딱 좋습니다. 부부가 오래 같이 살면 서로 이해할 수 있는 부분이 많아지면 좋을텐데, 서로의 주장만 강해지고 서로를 이해하려고 노력하지 않을 때도 It's very frustrating이라고 영어로 말하면 딱 좋은 표현입니다. 이 문장의 주어가 사람으로 바뀌면 수동태로 말하면 됩니다. I'm very frustrated. 라고 하면 됩니다. 경찰관이 다시 말하지요.

You have to find a way to control them 당신은 애들을 통제할 방법을 찾아야 합니다. 여기서 a way는 원래 길이라는 뜻이지만 여기서는 방법이라는 뜻이지요. 방법을 알아내다 라는 뜻으로 find a way라는 구문을 자주 씁니다. F. R. David의 Words 라는 노래가 있는데 들어보셨나요. 그 노래가 이렇게 시작합니다. Words don't come easy to me. 내겐 할 말이 쉽게 떠오르지 않아요. How can I find a way to make you see I love you? 내가 당신을 사랑한다는 것을 당신이 알 수 있게 할 방법을 어떻게 찾아낼 수 있지요? 사랑한다는 것을 말로 하기는 참 어렵겠지요. 좋은 다른 방법이 있다면 참 좋겠지요. 마지막으로 경찰관이 결정적인 말 한마디를 합니다. After all that's your job. 결국 그건 당신이 할 일이니까요. 이 말에 Lynette가 열을 확 받는건데요. It's your job이라는 말은 어떤 경우에 이처럼 상대의 기분을 확 상하게 할 수 있습니다. 어머니가 집에서 여러분에게 집안 청소를 하라거나 설거지를 하라고 시킬 때 여러분이 어머니에게 It's your job이라고 말하면 당장 한 대 얻어 맞겠지요. 하지만 자기가 할 일을 남에게 떠넘기는 사람에게 혹은 자기 일을 하면서 불평불만이 많은 사람에게 한마디 해주면 딱 적절한 말입니다. 여러분들 공부 열심히 하세요. It's your job.

LECTURE

Lynette (차 밖으로 나오면서) Are you saying I'm a bad mother?

Police Ma'am, you need to get back in your car, please.

Lynette I have no help. My husband's always away on business.

Police (손을 총에 대면서) I'm gonna have to ask you to step back now.

Lynette My babysitter joined the witness relocation program. I haven't slept through the night in six years.

Police Ma'am!

경찰관의 이 말에 Lynette가 열 받아서 차 밖으로 나옵니다. 여러분들이 미국이나 외국에 가서 교통경찰에게 걸렸을 때 주의해야 할 점이 교통경찰이 차 밖으로 나오라고 말도 하지 않았는데 나오면 안 된다는 것입니다. 그리고 손을 호주머니에 갖다 댄다든지 명령에 순응하지 않으면 큰 일 날 수도 있습니다. 지금 이런 법칙을 모두 알면서도 Lynette가 화가 치밀어서 차 밖으로 나오는 것이지요. Lynette가 말합니다.

Are you saying I'm a bad mother? 당신 내가 나쁜 엄마라고 말하고 있는 것입니까? 경찰관이 당황합니다. 지금 상황을 경찰관을 위협하는 것으로 이해될 수도 있습니다. 경찰관이 말하지요. Ma'am, you need to get back in your car, please. Ma'am은 어느 정도 나이가 든 유부녀 아주머니를 말합니다. 당신 차에 다시 돌아가야 합니다. Get back은 돌아가다 라는 뜻이지요. 여러분들 Beatles의 유명한 노래 Get Back을 아십니까? Beatles는 이 노래를 1969년에 발표했는데 단원들끼리 서로 싸워서 거의 해체위기에 까지 이르다가 다시 모여 이 노래를 녹음했습니다. 그래서 노래의 제목이 다시 옛날로 돌아가자고 Get Back입니다. 노래 가사에 Get back to where you want to belong이라는 부분이 있지요. 네가 속하고 싶은 곳으로 돌아가라는 뜻이지요. 이 노래의 첫 발표를 London의 Apple studio의 Rooftop 즉 옥상에서 한 것은 유명한 일화입니다. 2002년의 월드컵 열기를 기억하지요. 요즘 우리나라 축구가 그 때에 비하면 형편없는데 다시 그 때의 수준으로 돌아온다면 이렇게 말할 수 있지요. The South Korea National Football Team get back on track. 대한민국 축구대표팀이 제자리로 돌아왔다. 제 갈 길로 다시 돌아왔다의 의미입니다.

Lynette가 대답합니다. I have no help. 도움 주는 사람이 아무도 없어요. 애들 키우는데 혼자 힘으로 키우고 있다는 말이지요. My husband's always away on business. 내 남편은 직장 일 때문에 항상 나가 있어요. Business 앞에 보통 on을 붙여서 사업차, 사업 때문에, 직장일 때문에 정도로 쓰입니다. He went to Seoul on business. 서울로 출장을 갔다라는 뜻이지요. 관계자 외 출입금지라는 말 있지요, 그것을 영어로 No Admittance except on business라고 하면 됩니다. 그러자 경찰이 더욱 위협을 느끼고 손을 총에 갖다 대면서 말합니다. I'm gonna have to ask you to step back now 지금 뒤로 물러날 것을 요구해야 되겠네요. 여기서 step back도 앞의 get back이나 비슷한 뜻이지요. 걸음을 뒤로 해서 물러나다의 의미를 더 강조하고 있습니다. Step back에는 은퇴하다의 뜻도 있습니다. A Step 이란 한 걸음이라는 뜻인데요 이 step이라는 말에서 파생된 여러 관용어구가 있습니다. 당신은 항상 뒷북만 칩니다 할 때는 You are always one step behind. 라고 하면 됩니다. 당신은 항상 한 걸음 뒤에 있군요라는 뜻이지요. 또 2보 전진을 위한 1보 후퇴라는 말도 있는데 이것은 Take one step back to go two steps forward. 라고 합니다.

Lynette가 물러나지 않고 계속 자기가 하고 싶은 이야기를 합니다. My babysitter joined the witness relocation program. 유모는 법정증인 전출 프로그램 때문에 집에 없어요. 자기 혼자 애들 키우기가 얼마나 힘든지를 말하고 있는 것이지요. 여기서 the witness relocation program이라는 것이 여러분에게 생소하게 들릴지도 모르겠네요. 서양에서는 법정에서 중요한 증언을 한 증인을 보호하기 위해 본인이 원하면 원래 살던 곳에서 다른 곳으로 전출시켜주는 프로그램입니다. 조직폭력배 소위 조폭의 범죄를 증언했다면 굉장히 생활하는데 불안하고 위협을 느끼겠지요. 그럴 때 일단 증인은 호텔 같은 곳에 머물고 이사할만한 집을 찾아서 이사를 하는 것입니다. 물론 이사 비용은 정부가 부담합니다.

Lynette가 계속 말하지요. I haven't slept through the night in six years. 6년 동안 한번도 밤에 안 깨고 쭉 자본 적이 없어요. 여기서 through the night라는 말이 있어서 밤새 쭉 이라는 뜻이 됩니다. 아이를 키우다 보면 밤에 아이가 일어나 울거나 칭얼거려서 안깨고 푹 자기가 힘들지요. Lynette가 말을 듣지 않자 경찰관이 한번 더 Ma'am하고 외칩니다.

LECTURE

Lynette And for you to stand there and judge me!

Police O.K. I'm not gonna give you a ticket. I'm just gonna let you off with a warning.

Lynette I accept your apology.

Boys Mom, he's kicking me again.

Police Buckle up!

Lynette는 지지 않고 계속 말하지요. And for you to stand there and judge me! 그런데 당신은 거기 서서 나를 판단하다니! 아까 경찰관이 했던 말에 애들 좀 잘 키우지 저렇게 버릇없게 키우느냐는 뜻이 들어있어서 지금 Lynette가 기분이 나쁜 것입니다. 그러자 경찰관이 한풀 기가 죽습니다. O.K. I'm not gonna give you a ticket. 좋아요. 딱지는 떼지 않겠어요. 저번 시간에 경찰관에게 딱지 뗀다는 표현 배운 것 기억나십니까? 벌써 잊어버렸다고요. 그러면 여러분 딱지 뗍니다.

book이라는 표현으로 딱지 뗀다는 의미가 나온다고 했지요. I was booked for speeding yesterday. 이제 기억나십니까? 다행이네요. Give a ticket도 딱지를 뗀다는 뜻입니다. 경찰관이 벌금 고지서를 주지요. 그 벌금 고지서를 ticket이라고 부르는 것입니다. 계속해서 경찰관이 말합니다. I'm just gonna let you off with a warning. warning이란 원래 경고라는 뜻입니다. 우리말로 하면 훈방 정도의 뜻이 되는 거지요. 훈방이면 그냥 풀어주는 것이나 마찬가지지요. 이때 let you off라는 어구가 눈에 띄는데 이 말은 예상했던 것 보다 가벼운 처벌로 용서해주는 것을 말합니다. 잘못을 저질렀지만 처벌하지 않는다는 의미와 가깝습니다. 여러분들이 생각하기에 심하게 야단맞을 것 같았는데 부모님이나 선생님이 가볍게 훈계만 하시는 경우가 있지요. 이럴 때

My father let me off lightly. 아버지가 나에게 가볍게 훈계만 하시고 용서해 주셨다. 그리고 이런 문장을 수동태로 쓰면 I was let off with a warning. 나는 훈방 받았다. 이런 식으로 쓰면 됩니다.

Lynette가 그제야 누그러집니다. I accept your apology. 당신의 사과를 받아드리지요. 훈방으로 감면해준게 바로 당신의 사과라고 인정하고 받아주겠다 이런 뜻인데요, 어떤 상황에서도 당당하고 알찬 Lynette의 태도를 엿볼 수 있습니다. 딱지 뗄 위험에서 훈방으로 감면되고 상대의 사과까지 받아주겠다고 했으니 자존심세우고 벌금 안내고 이게 바로 일거양득이지요. 그런데 또 차 안에서는 난리가 났습니다. 애들이 또 싸우고 있는 것이지요. Mom, he's kicking me again. 엄마, 얘가 나를 또 발로 차요. 그러자 경찰관이 열불나서 소리칩니다. Buckle up! 여러분도 차 타고 다닐 때 항상 buckle up 하세요.

EXPRESSION TIPS

Let off

let off는 일반적으로 어떤 의무나 짐으로부터 어떤 사람을 해방시켜준다는 뜻이 있습니다. 그래서 We have been let off our homework. 이라고 하면 우리는 숙제를 안 해도 된다는 뜻이 됩니다. 총이나 폭약을 터뜨리는 것도 let off라고 합니다. 여기서 let off가 심한 벌을 주지 않고 면제해준다라는 의미가 나옵니다. 요즘 학교에서 교사에 대한 폭력도 만만치 않지요. 어느 신문에 이런 문장이 보입니다. A boy is let off with a warning after stabbing a teacher in the chest with a pencil. 한 학생이 연필로 선생님의 가슴을 찌르고 난 뒤에 훈방 되었다는군요. 이런 일은 없어야 겠지요.

WRAP UP

Useful expressions:

I beg your pardon?
무슨 말씀 하셨지요? 한번 더 말씀해 주세요.

Buckle up! Put on your seat belt!
Fasten your seat belt!
안전벨트를 매라고!

The policeman ordered the wild driver to pull over.
경찰이 난폭 운전자에게 차를 길가에 대라고 지시했다.

I have a theory
추측은 할 수 있겠네요.

Get back to where you want to belong
네가 속하고 싶은 곳으로 돌아가라.

You are always one step behind.
당신은 항상 뒷북만 칩니다.

I'm not gonna give you a ticket.
딱지는 떼지 않겠어요.

I'm just gonna let you off with a warning.
그냥 훈방으로 보내주겠습니다.

ROLE PLAY

Police **License and registration, please.**
Ma'am! You know why I pulled you over?
운전면허증과 차량등록증 좀 부탁합니다. 왜 제가 차를 멈추게 했는지 아시나요?

Lynette **I have a theory.**
추측은 할 수 있어요.

Police **Kids jumping up and down should be sitting wearing seat belts.**
뛰어다니는 아이들은 안전벨트를 매고 앉아야 합니다.

Lynette **I yelled at them. They never listen to me.**
It's very frustrating.
얘들에게 소리도 질렀어요. 전혀 내말을 안들어요. 정말 맥빠져요.

Police **You have to find a way to control them.**
After all, that's your job.
얘들을 통제할 방법을 찾아야 합니다. 결국 그건 당신의 일입니다.

Lynette **Are you saying I'm a bad mother?**
당신 지금 나에게 나쁜 엄마라고 말하는 겁니까?

Police **Ma'am, you need to get back in your car, please.**
아주머니, 제발 차로 돌아가 주세요.

Lynette **I have no help. My husband's always away on business.**
도와주는 사람도 없어요. 남편은 항상 일 때문에 나가 있어요.

Police **I'm gonna have to ask you to step back now.**
이제 뒤로 물러서라고 당신에게 요구할거예요.

CHECK UP

다음 우리 말 표현에 알맞게 영어 표현의 괄호를 채우시오.

1) 안전벨트를 매라고! = (   ) up!

2) 경찰이 난폭 운전자에게 차를 길가에 대라고 지시했다.
= The policeman ordered the wild driver to (   ) over.

3) 추측은 할 수 있겠네요. = I have a (   ).

4) 당신은 항상 뒷북만 칩니다. = You are always one (   ) behind.

5) 딱지는 떼지 않겠어요. = I'm not gonna give you a (   ).

A TIP IN THE MOVIE

이번 주에 배운 장면은 영화가 아니라 미국 ABC 방송국의 유명한 TV 드라마 위기의 주부들 (Desperate Housewives)에 나온 장면에서 하나 고른 것입니다. 이런 종류의 드라마를 영어로 soap opera라고도 합니다. 주부들이 많이 볼만한 주간 드라마를 지칭하는 명칭입니다. 대개 이런 드라마 나올 때 광고로 비누 광고가 많이 나왔다고 해서 soap opera라고 한다고도 하고 비누거품처럼 이야기를 부풀어 올린다고 해서 그런 명칭을 얻었다고도 합니다. 이 드라마는 미국의 중산층 가정들이 모여 사는 동네에서 벌어지는 이웃간의 우정과 질투 분쟁 그리고 음모 등을 보여주고 있습니다. 이웃간에 사이 좋게 지내서 이웃 사촌이라는 말도 있지만 이웃간에 정말 험하게 지내는 경우도 많습니다. 지난해 언젠가 대구의 어떤 아파트에서 이웃간에 싸우는 장면이 TV 뉴스에도 나왔었는데요 이처럼 이웃간에 벌어지는 싸움과 갈등을 영어로 neighbor rage라고 부릅니다. 이웃 간의 갈등은 이성적으로 판단하고 계산해보고 싸우는 것이 아니라, 오랫동안 참고 참았다가 갑자기 또 윗집에서 발 구르는 소리가 나면 더 이상 못 참고 야구배트 들고 올라가게 되는 것이지요. 그래서 neighbor rage라고 부른답니다. 영국이나 미국에는 Neighbors From Hell이라는 Reality TV Show가 방영됩니다. 이렇게 심한 싸움을 벌이는 이웃의 전투 현장을 그대로 찍어서 내보내는 방송 프로그램입니다. 여러분들은 이웃과 사이 좋게 지내시기 바랍니다. 그것이 사소해 보일지 모르지만 여러분의 행복에 지대한 영향을 미칩니다.

Chapter 6

취업 인터뷰에서

Applying for a Job

INTRO

장면 소개

이번 주에 배울 장면은 구직자가 직장을 구하기 위해서 회사 인사 담당자와 인터뷰를 할 때 어떤 표현들이 오고 갈 수 있는지를 보여주는 장면입니다. 또한 어떤 회사를 그만 두거나 퇴직 할 때 어떤 영어 표현을 사용할 수 있는지도 공부하게 됩니다. 사실 취업 인터뷰에서는 다양한 질문이 이루어지고 회사에 따라 질문의 성격이 달라지기 때문에 구체적인 질문의 내용은 천차만별이겠지요. 여러분들은 회사마다 어떤 질문이 나올지 각각의 회사의 특성에 따라 개별적인 준비를 해야 할 것입니다. 여기에 제시된 장면을 통해 영화 속에 나온 한 특정한 예를 보면서 그 분위기를 익히기 바랍니다.

이번 주에 배울 장면을 발췌한 영화는 2001년에 제작된 샤론 맥과이어가 감독하고 르네 젤위거, 콜린 퍼쓰, 휴 그랜트가 주연한 Bridget Jones's Diary입니다. 출판사에서 근무하는 브리짓 존스는 자신이 일하는 출판사 편집장과 연인 관계입니다. 오로지 자신만을 사랑할 거라고 믿었던 편집장 다니엘 클리버 (휴 그랜트)가 바람 피우는 현장을 직접 목격하고 나서 다른 직장 즉 방송국에 취직하기 위해 인터뷰를 합니다. 바로 한 번에 성공하지 못해서 여러 방송국을 전전하는데 결국엔 취업에 성공하지요. 다니엘에게 회사를 그만 둘거라고 통보하는데 다니엘은 떠나지 말라고 막습니다. 취업과 퇴직이라고 하는 심각한 문제이긴 하지만 이 영화에서는 약간의 코믹함을 덧붙여서 재미있게 극화해 놓고 있습니다. 오늘 배울 화면을 보시고 재미있는 영어공부 되시기 바랍니다.

오늘의 표현

- Why do you want to work in television?
- I'm passionately committed to communicating with children.
- That's a matter of principle.
- I've been offered a job in television.
- Would you just hold it right there?
- You are expected to give at least six weeks' notice.

THE SCENE

1편 챕터16, 47: 53 - 챕터17, 49: 26

(뉴스 방송국에서)

Interviewer 1 Why do you want to be in television?
왜 텔레비전 방송국에 들어오고 싶으신 것이지요?

Bridget Well, I've realized that I've become deeply committed to communicating to the public the up-to-the moment and in-depth news both political and ecological.
글쎄요. 전 깨달았습니다. 제가 정치적이거나 환경문제에 관한 최첨단의 심층적인 뉴스를 대중에게 전달하는데 깊이 몰두하게 되었다는 것을.

Interviewer 1 What do you think of the El Nio phenomenon?
엘니뇨 현상에 대해 어떻게 생각하시나요?

Bridget It's a blip. I think, basically Latin music is on its way out.
일시적인 현상이지요. 제 생각엔 기본적으로 라틴 음악은 사양길에 접어들었지요.

(어린이 방송국에서)

Interviewer 2 Why do you want to work in television?
왜 텔레비전 방송국에서 일하고 싶으신 것이지요?

Bridget Because I'm passionately committed to communicating with children. They are the future.
왜냐하면 저는 아이들과 교감을 하고자 하는 열정이 있어서입니다. 아이들은 우리의 미래입니다.

Interviewer 2 Do you have any children of your own?
자녀가 있으신가요?

Bridget Christ, no, e-yuk! (laugh) Sorry.
물론 없지요. 우엑. (웃음) 미안해요.

(또 다른 방송국에서)

Interviewer 3 So, why do you want to work in television?
그런데, 왜 방송국에서 일하고 싶으신 거지요?

Bridget I've got to leave my current job because I've shagged my boss.
현재 직장 상사와 성관계를 가져서 그만두어야 해요.

Interviewer 3 Fair enough. Start on Monday. We'll see how we go. And, incidentally, at "Sit Up, Britain",no one ever gets sacked for shagging the boss. That's a matter of principle.

충분히 좋은 이유입니다. 월요일부터 시작하지요. 잘할 수 있는지 한번 보지요. 그리고 덧붙여 말하자면 우리 방송국에서는 아무도 상사와 성관계를 가졌다고 해고되지 않아요. 그것은 원칙적인 문제입니다.

(출판사에서)

Daniel Bridget, come on. I mean, I know it's been awkward as ass, but there's no need to leave.

브릿짓, 이러지마. 내 말은 정말 난처할거라는 것은 알아. 하지만 그만둘 필요는 없잖아.

Bridget No, actually, there is. I've been offered a job in television.

아니예요, 실제로는 그럴 필요가 있어요. 방송국에서 일자리를 준대요.

Daniel Television?

방송국이라고?

Bridget Um ~ . And they want me to start straight away. Um so I've got to leave in about three minutes. So….

음 ~. 그리고 제가 바로 출근하기를 원해요. 그래서 3분 안에 떠나야돼요. 그럼…

Daniel Would you just hold it right there, Miss Jones. I'm sorry to inform you, but I think you'll find that by contract you are expected to give at least six weeks' notice.

잠깐만 기다려요, 미스 존스. 당신에게 이 점을 알려야 하는 것은 미안하지만, 고용 계약상 당신은 사퇴하기 적어도 6주 전에 통보해주도록 되어있어요.

LECTURE

Interviewer 1	Why do you want to be in television?
Bridget	Well, I've realized that I've become deeply committed to communicating to the public the up-to-the moment and in-depth news both political and ecological.
Interviewer 1	What do you think of the El Ni_o phenomenon?
Bridget	It's a blip. I think, basically Latin music is on its way out.

인터뷰 할 때 흔히 받을 수 있는 질문이지요. Why do you want to be in television? 왜 방송국에 들어오고 싶어하는 것이지요? 혹은 뒤에 나오는 구문으로 Why do you want to work in television? 이 있지요. 같은 뜻입니다. 여러분들은 취업 인터뷰하러 갈 때 이 질문에 대한 대답을 준비해 가야 합니다. Bridget이 대답합니다. Well, I've realized that 이렇게 시작하지요. Well은 어떤 말을 생각하기 위해 뜸을 들일 때 흔히 할 수 있는 말입니다. 하지만 그렇다고 Well을 너무 길게 하고 있으면 안되겠지요. I've realized 라고 하면 깨닫게 되었어요 라는 표현을 하고 싶을 때 흔히 쓰는 표현입니다. 그 다음에 I've become deeply committed to communicating이라는 표현이 나옵니다. 여기서 become committed to 라는 표현이 눈에 띄는군요. committed라는 단어는 이처럼 become committed라든지 be committed와 같은 수동태로 많이 쓰입니다. Be committed to라는 표현은 다른 것은 하지 않거나 중요하게 생각하지 않고 오로지 어떤 것 하나에만 몰두하겠다고 약속하는 것을 말합니다. 보통 미혼의 남녀는 부담 없이 여러 사람을 만나고 다닐 수 있는데 어떤 한 사람을 만나서 그 사람의 애인이 되겠다고 하면 다른 사람과 데이트를 하지 않겠다는 약속을 하는 것과 같습니다. 이럴 때 I will be committed to you라고 하면 나는 너만의 애인이 될거야 라는 뜻이 됩니다. commitment란 일종의 약속을 하는 것입니

다. 다른 것에 한 눈 팔지 않고 이것만 열심히 하겠다는 약속입니다. 우리가 인생을 살면서 가장 큰 commitment를 하는 것은 바로 결혼할 때 배우자에게 하는 commitment입니다. He is the most committed husband I've ever met라고 하면 그는 이제까지 내가 만난 남자 중에 가장 충실한 남편이다라는 뜻입니다. 그 다음에다 He never even looks at another woman. 그는 결코 다른 여자에게 한 눈 팔지 않는다라는 문장을 넣어주면 완벽하지요. 그 다음에 up-to-the-moment라는 단어와 in-depth라는 단어가 나옵니다. 보통은 현대적인 최신식의 라는 뜻으로 up-to-date라는 단어가 있습니다. 이 단어를 더 과장하고 극단직으로 표현해서 up-to-the-minute 혹은 up-to-the-moment라는 단어를 사용합니다. 이 단어들은 바로 1분전에 나온 극히 최신의 정보를 말할 때 사용하는 단어들입니다. In-depth라는 단어는 depth라는 단어가 원래 깊이라는 뜻이어서 깊이 파고드는, 상세한 철저한 면밀한 이라는 뜻으로 사용됩니다. 이 두 단어는 뉴스를 전달하는 기사를 꾸며주는 형용사로 쓰이는 단어들입니다. Both political and ecological은 앞에 나온 news를 꾸며주는 형용사들입니다. ecological이라는 말은 생태학적인 혹은 환경문제와 관련된 이라는 뜻입니다.

ecological이라는 단어가 나오자 인터뷰 담당자가 그와 관련된 질문을 하지요. What do you think of the El Nino phenomenon? 엘니뇨 현상을 어떻게 생각하느냐는 질문이지요. What do you think of …? 이렇게 시작하는 질문은 상대의 생각이나 견해를 물어볼 때 흔히 사용하는 구문입니다. What do you say to…?도 비슷한 뜻을 갖는데요 상대에게 무엇을 권유할 때도 많이 쓰입니다. 그러자 괜히 잘 알지도 못하는 ecological이라는 단어를 말했다가 El Nino phenomenon이라는 더 잘 모르는 개념을 질문 당해서 Bridget이 순간 실수를 하게 되는데요. 여러분도 취업 인터뷰를 할 때는 절대 모르는 것을 아는 채 하시면 안

됩니다. 자신이 아는 것만 자신 있게 말하고 모르는 것은 모른다고 말하면 됩니다. Bridget이 먼저 It's a blip. 이라고 대답하는데 blip 이란 원래 레이더 계기판의 깜박거리는 불빛을 말합니다. blip이 갖는 여러 가지 뜻은 이 뜻에서 유래하는데요 있는지 없는지 분간도 안가는 중요하지 않은 일이나 물체를 blip 이라고 하고, 테이프나 비디오의 적절하지 않은 부분을 지워서 이상한 소리가 나는 부분도 blip이라고 합니다. 그리고 잠깐 일어났다 사라지는 일시적인 현상도 blip 이라고 합니다. 지금 질문자가 phenomenon 현상이라는 단어를 사용하니까 엘 니뇨를 잘 알지 못하는 Bridget이 자기 혼자 추측해서 대답하다 이런 답이 나오는 것이지요. It's a blip. 여기서는 일시적인 현상입니다 라는 뜻이겠지요. 엘 니뇨가 스페인어라고 생각한 Bridget이 다시 이렇게 말합니다. I think, basically Latin music is on its way out. 제 생각엔 기본적으로 라틴 음악은 사양길에 접어들었지요. 여기서 on its way out은 어떤 것이 퇴장하는 길이다라는 뜻입니다. 요즘엔 테이프를 많이 쓰지 않지요. 그럴때 These days tape is on its way out. 이렇게 말하면 됩니다. 엘 니뇨를 라틴음악으로 착각한 Bridget은 당연히 이 방송국에 취업하지 못했겠지요.

EXPRESSION TIPS

Commit

commit에는 매우 다양한 뜻이 있습니다. 우리가 가장 많이 알고 있는 뜻은 commit suicide 자살하다 그리고 commit a crime 범죄를 저지르다 라는 뜻으로 쓰이는 commit입니다. Commit 뒤에 재귀대명사를 써서 commit oneself라고 하면 자기 입장을 공공연하게 밝힌다는 뜻도 있습니다. 감옥에 가둔다라는 뜻도 있어서 The criminal was committed to jail. 이라고 하면 그 범죄자가 감옥에 가두어졌다라는 뜻입니다. 이렇게 다양한 의미를 가진 commit라는 단어의 한가지 뜻으로 be committed to 라고 쓰여서 어디에 헌신하다 몰두하다 라는 뜻이 있습니다. He is deeply committed to the project. 그는 그 프로젝트에 깊이 몰두해 있다.

LECTURE

Interviewer 2 Why do you want to work in television?

Bridget Because I'm passionately committed to communicating with children. They are the future.

Interviewer 2 Do you have any children of your own?

Bridget Christ, no, e-yuk! (laugh) Sorry.

두 번째 어린이 방송국에서의 인터뷰입니다. 여기서도 why do you want to work in television? 이라고 비슷한 질문을 했지요. 그러자 Bridget도 비슷하세 대답합니다. Because I'm passionately committed to communicating with children. 아이들과 교감하는데 열정적으로 몰두해 있습니다. 이것도 물론 거짓말이지요. They are the future. 아이들은 우리의 미래입니다 라고 대답하는데 이것도 판에 박힌 말일뿐 자신의 솔직한 답변이 아닙니다.

그러자 인터뷰 담당자도 역시 믿기 힘들어 질문합니다. Do you have any children of your own? 이 문장에서 뒤에 of your own이 붙는 것은 네가 직접 낳아서 기른 네 친자식이 있느냐는 뜻입니다. 아직 결혼도 안 한 Bridget은 이 질문에 자신이 평소에 갖고 있던 애들에 대한 태도가 드러납니다. 웩 하지요. Sorry 미안하다고 하지만 이미 버스는 떠났지요.

LECTURE

Interviewer 3	So, why do you want to work in television?
Bridget	I've got to leave my current job because I've shagged my boss.
Interviewer 3	Fair enough. Start on Monday. We'll see how we go. And, incidentally, at "Sit Up, Britain",no one ever gets sacked for shagging the boss. That's a matter of principle.

Bridget이 세 번째 방송국에 인터뷰하러 왔습니다. 이 방송국에서도 똑 같은 질문을 하지요. So, why do you want to work in television? 그러자 이번에는 Bridget이 솔직하게 대답합니다. 너무 솔직한 대답이지요. I've got to leave my current job because I've shagged my boss. 현재 직장 상사와 성관계를 가져서 그만두어야 해요. My current job은 현재 근무하는 직장이라는 뜻입니다.

I've got to leave 여기서는 그만두어야만 해요. 보통 I've got to하면 우리가 I have to 라고 배웠던 표현의 구어적인 표현입니다. 뒤에 because I've shagged my boss에서 shag이라는 표현이 나오는데요 이것은 영국에서 보통 사용되는 섹스하다 라는 뜻의 속어입니다. I have sex with my boss. 라는 표현과 같은 뜻인데 속어 즉 슬랭으로 이렇게 표현합니다. 영국에서는 오히려 shag 이라는 표현을 더 자주 씁니다. 이렇게 솔직하게 대답하자 의외로 반응이 너무 좋습니다. Fair enough. Start on Monday. 충분한 이유입니다. 월요일에 시작하지요.

We'll see how we go. 어떻게 되는지 한번 보지요. 아직 Bridget의 능력을 시험해 보지 않아서 이런 말을 하는데요, 앞으로 어떻게 하는지, 어떻게 되는지 어떻게 할 수 있는지, 이런 표현을 할 때 how we go라는 표현을 쓰면 됩니다. And, incidentally, at "Sit Up, Britain",no one ever gets sacked for shagging the boss. 그리고 덧붙여 말하자면 우리 방송국에서는 아무도 상사와 성관계를 가졌다고 해고되지 않아요. 이렇게 말하는데요, incidentally라는 말은 원래 때마침, 우연히라는 뜻도 있지만 이런 경우에는 덧붙여 말하자면, 말이 난 김에 말인데 라는 뜻입니다. 비슷한 표현으로 by the way가 있지요. 이 방송국 이름이 Sit Up, Britain입니다. 보통 서있다가 앉을 때는 Sit down이라고 하지요. 그런데 누워있다가 일어나 앉을 때는 sit up이라고 합니다. 우리말로 하면 "그만 자고 일어나라, 영국이여"라는 이름의 방송국입니다.

No one ever gets sacked라고 하는데요 get sacked라는 표현은 해고 당하다라는 뜻입니다. 원래 sack이 가방, 부대자루, 마대자루를 말하는데 우리가 해고 당할 때도 짐 싸고 나왔다라는 우리말 표현이 있는 것처럼 영어에서도 get sacked 가 해고 당하다라는 뜻입니다. 비슷한 표현으로 get fired가 있지요. 지금 이 사람이 하는 이 말이 여러 가지 의미에서 미묘하게 들리는데요, 자기 회사가 굉장히 공정한 회사라는 뜻도 될 것 같고 혹은 앞으로 자신과 섹스를 하게 되더라도 그만둘 필요는 없다는 뜻도 들어있는 것 같기도 합니다. That's a matter of principle. 그것은 원칙적인 문제입니다. 그것은 회사의 원칙입니다. 이런 식으로 표현해서 That's a matter of life and death. 라고 하면 생사가 걸린 문제입니다, 중대한 문제입니다 라는 표현입니다.

LECTURE

Daniel　Bridget, come on. I mean, I know it's been awkward as ass, but there's no need to leave.

Bridget　No, actually, there is. I've been offered a job in television.

Daniel　Television?

Bridget　Um ~ . And they want me to start straight away. Um so I've got to leave in about three minutes. So….

Daniel　Would you just hold it right there, Miss Jones. I'm sorry to inform you, but I think you'll find that by contract you are expected to give at least six weeks' notice.

바람둥이 Daniel이 떠나려는 Bridget을 말립니다. Come on은 이럴 때 그러지마 라는 뜻이지요. It's been awkward as ass 굉장히 난처한 상황이라는 것은 알지만 이라는 뜻입니다. Ass는 원래 나귀를 뜻하고 거기에서 바보라는 뜻이 나옵니다. 나귀가 고집이 세고 말을 안 듣는다고 그런 뜻이 나온다고 하는군요. 또 ass 에는 궁둥이, 엉덩이의 뜻도 있습니다. 여기에서는 바보가 된 것처럼 매우 난처한 상황을 말하고 있습니다. 바보라는 뜻의 ass를 사용해서 I made a complete ass of myself라고 하면 나는 정말 바보 같은 짓을 했다라는 뜻이 됩니다. there's no need to leave. 떠날 필요는 없어요 라고 간청합니다. 그러자 Bridget이 대답합니다. No, actually, there is. 아니예요, 떠날 필요가 있어요. Daniel이 there's no need라고 하니까 there is라고 간략하게 대답하는 것이니까 생략된 것이 무엇인지 알 수 있지요. I've been offered a job in television. 방송국에서 일자리를 준대요. Offer는 제안하다, 제공하다 라는 뜻인데 여기서 수동태로 쓰여서 제안을 받다, 일자리를 준다고 제안을 받다 라는 뜻이 됩니다. Daniel이 놀라지요. Television? Bridget이 아주 거들먹거리며 말합니다. And they want me to start straight away. 즉시 바로 출근하라고 합니다. Straight away는 즉시, 바로라는 뜻입니다. Um so I've got to leave in about three minutes. 삼분 안에 떠나야 해요. 지금 Bridget이 약간 과장하고 있는데요, Daniel이 바람을 피우고 그 상대가 키 크고 늘씬한 미국 여성이어서 약간 자존심에 상처를 입은 탓에 이렇게 말한다고 이해할 수도 있습니다. 그러자 떠나려는 Bridget을 제지하면서 Daniel이 태도를 바꿔 말합니다. Would you just hold it right there, Miss Jones. 잠깐만 기다려요, 미스 존스. 이제까지 Bridget라고 first name 부르다가 갑자기 Miss Jones라고 부르는 것부터가 이상하지요. 여기서 hold it은 잠깐만, 멈추세요 라는 뜻입니다. 대개 여러분들이 엘리베이터가 떠나는 순간 타려고 할 때 이 말을 자주 쓰는데요, 잘 못 들으면 hold up 손들어 라는 말로 들려서 엘리베이터 안에 있는 사람들이 강도인줄 알고 모두 손들었다는 우스개 이야기도 있습니다. I'm sorry to inform you, 당신에게 이런 사실을 알려서 미안한데 라는 뜻입니다. Inform은 어떤 정보를 알려줄 때 쓰는 동사입니다. but I think you'll find that by contract you are expected to give at least six weeks' notice. 고용 계약상 당신은 사퇴하기 적어도 6주 전에 통보해주도록 되어있어요. By contract는 계약상 이라는 뜻입니다. Give six weeks' notice라는 표현은 이런 상황에서 흔히 쓰는 표현인데요, 어떤 계약을 해지하기 전에 통보해주는 것을 give notice라고 합니다. 여러분들이 미국이나 영국에 가서 집을 세 얻을 때 계약서를 잘 봐야 하는데요 거기에는 반드시 집을 비워주기 얼마 전에 통보해야 한다는 규정이 있습니다. 보통 한달에 한 번 집세를 내는 경우 give four weeks' notice 즉 4주 전 통보를 해주어야 합니다. 이제 Daniel이 계약을 들먹이며 Bridget을 잡아보려고 하는데요 어림없겠지요. Daniel처럼 바람 피우는 사람을 영어로 cheating 한다고 하는데요, cheating은 영어로 컨닝한다는 뜻도 있습니다. 모두 누군가를 속이는 일이라 cheating이라고 하는데요, 여러분도 연애하는데 있어서나 시험보는데 있어서도 cheating 하지 마세요. 곧 중간고사 기간일텐데 시험준비 잘하세요.

EXPRESSION TIPS

Give notice, hand in notice, until further notice

고용주가 직원에게 해고 통보를 할 때는 give notice라고 하고 직원이 고용주에게 사직할 의향을 전달하는 것을 hand in notice라고 구분하기도 합니다. 그래서 He had received orders that morning to give her notice. 라고 하면 그녀에게 해고통보를 하라는 명령을 받았다는 뜻이고 I handed in my notice last week. 이라고 하면 지난 주 사직서를 제출했다라는 뜻이 됩니다. Until further notice라는 표현은 누군가 다른 발표를 할 때까지 현재의 상황이 계속될 때 쓰는 표현입니다. The beaches are closed until further notice. 라고 하면 다른 발표가 있을 때까지 해변은 폐쇄된다는 뜻입니다.

WRAP UP

Useful expressions:

Why do you want to be in television?
Why do you want to work in television?
왜 방송국에 들어오고 싶어하는 것이지요?

I think, basically Latin music is on its way out.
제 생각엔 기본적으로 라틴 음악은 사양길에 접어들었지요.

I'm passionately committed to communicating with children.
아이들과 교감하는데 열정적으로 몰두해 있습니다.

We'll see how we go.
어떻게 되는지 한번 보지요.

That's a matter of principle.
그것은 원칙적인 문제입니다.

Would you just hold it right there, Miss Jones.
잠깐만 기다려요, 미스 존스.

You are expected to give at least six weeks' notice.
당신은 적어도 6주 전에 통보해주도록 되어있어요.

ROLE PLAY

Interviewer 1 **Why do you want to be in television?**
왜 텔레비전 방송국에 들어오고 싶으신 것이지요?

Bridget **Well, I' ve realized that I' ve become deeply committed to communicating to the public the up-to-the moment and in-depth news both political and ecological.**
글쎄요. 전 깨달았습니다. 제가 정치적이거나 환경문제에 관한 최첨단의 심층적인 뉴스를 대중에게 전달하는데 깊이 몰두하게 되었다는 것을.

Interviewer 1 **What do you think of the El Ni_o phenomenon?**
엘니뇨 현상에 대해 어떻게 생각하시나요?

Bridget **It' s a blip. I think, basically Latin music is on its way out.**
일시적인 현상이지요. 제 생각엔 기본적으로 라틴 음악은 사양길에 접어들었지요.

Interviewer 2 **Why do you want to work in television?**
왜 텔레비전 방송국에서 일하고 싶으신 것이지요?

Bridget **Because I' m passionately committed to communicating with children. They are the future.**
왜냐하면 저는 아이들과 교감을 하고자 하는 열정이 있어서입니다.
아이들은 우리의 미래입니다.

Interviewer 2 **Do you have any children of your own?**
자녀가 있으신가요?

Bridget **Christ, no, e-yuk! (laugh) Sorry.**
물론 없지요. 우엑, (웃음) 미안해요.

CHECK UP

다음 우리 말 표현에 알맞게 영어 표현의 괄호를 채우시오.

1) 제 생각엔 기본적으로 라틴 음악은 사양길에 접어들었지요.

= I think, basically Latin music is on its way (   ).

2) 아이들과 교감하는데 열정적으로 몰두해 있습니다.

= I'm passionately (   ) to communicating with children.

3) 어떻게 되는지 한번 보지요.

= We'll see how we (   ).

4) 그것은 원칙적인 문제입니다.

= That's a (   ) of principle.

5) 당신은 적어도 6주 전에 통보해주도록 되어있어요.

= You are expected to give at least six weeks' (   ).

A TIP IN THE **MOVIE**

이 영화 Bridget Jones's Diary는 1편이 2001년에 제작되어 영국과 미국에서 엄청난 흥행 성공과 호평을 기록한 영화입니다. 이 영화는 19세기 초에 쓰여진 Jane Austen의 소설 Pride and Prejudice의여러가지요소를차용했다고알려져있는데 Helen Fielding의 동명 소설을 영화화 한 것입니다. 1995년에 제작된 BBC방송의 6부작 특집 시리즈 Pride and Prejudice에 Darcy로 출연했던 콜린 퍼스 (Colin Firth) 가 이 영화에서도 마크 다시 역을 맡아서 화제였습니다. 이 영화는 TV 드라마 즉 soap opera나 로맨틱 코미디 영화 즉 romantic comedy film에서 흔히 볼 수 있는 연애 삼각관계 즉 영어로는 love triangle을 보여주고 있습니다. Love triangle은 두 명이 여자와 한 명이 남자, 혹은 한 명의 여자와 두 명의 남자간에 일어나는데 영화 속에서 love triangle을 보여줄 때는 질투 jealousy 와 짝사랑 unrequited love에 빠진 한 명이 남게 됩니다. 두 명의 사랑의 후보자 가운데 주인공이 결국 한 명을 고르는데 그런 스토리가 이런 영화들의 상투적인 수법 즉 cliche 라고 할 수 있습니다. 대개 한 명은 너무 멋지고 뛰어난 외모를 가지고 있는 믿기 힘든 즉 영어로 too-good-to-be-true 한 사람이고 다른 한 사람은 외모는 투박하고 처음에 성격도 안 좋은 것 같지만 나중에 너무나 성품이 뛰어난 사람으로 판정되는 right man 이라고 결론이 납니다. 이 영화에서도 다니엘 클리버가 전자의 역할을 마크 다시가 후자의 역할을 하게 됩니다. Briget Jones's Diary도 이런 clich_의 공식을 따르고 있는 영화지만 브릿지 존스 역할을 맡고 있는 르네 젤위거 (Renee Zellweger)의 탁월한 연기로 큰 인기를 모았습니다.

Chapter 7

상대방의 고민을 물어볼 때

What's the Problem?

INTRO

장면 소개

이번 주에는 여러분과 아주 친한 사람이 힘든 일이 있거나 고민이 있어 보일 때 상대방의 고민을 물어보고 위로해 주는 장면을 공부해 보도록 하겠습니다. 어느 정도 심각한 고민이 있을 때는 대개 당사자는 그 고민을 털어놓지 않으려는 경향이 많습니다. 이럴 때는 단순한 호기심에서 상대의 고민을 알아내려고 하면 마음의 상처를 입고 더 굳게 마음의 문을 닫을 수도 있겠지요. 항상 상대방을 배려하고 아끼는 마음을 표현할 수 있어야 합니다. 그리고 상대의 대답에 대해서도 적절하게 대응할 수 있어야겠지요. 이번 주에는 이처럼 여러분이 아끼는 사람의 고민과 힘든 일에 대해 영어로 어떻게 물어보고 대답하고 상담해주는지 한 번 알아보도록 하겠습니다.

이번 주에 배울 장면은 2003년에 제작된 리차드 커티스가 감독하고 휴 그랜트, 엠마 톰슨, 리암 니슨이 주연한 러브 액츄얼리 (Love Actually)에 나오는 한 장면입니다. 리암 니슨이 여기에서 Samuel의 아버시 Daniel로 나오는데 사실은 stepfather 즉 의붓아버지입니다. Samuel의 엄마가 죽고 얼마 안되어 침울하고 심각한 표정만 짓고 있는 Samuel이 Daniel은 무척이나 걱정이 됩니다. 혹시 엄마가 하늘나라에 간 것 때문에 심한 마음의 상처를 입지나 않았나 걱정하는데요, 아버지 Daniel이 기회를 봐서 조심스럽게 Samuel에게 그 이유를 묻습니다. 이제 겨우 초등학교 1학년이나 2학년 정도 되는 아들이 하는 대답은 뜻밖입니다. 서양의 가장 큰 명절인 크리스마스를 배경으로 여러 등장인물들의 사랑을 그리고 있는 영화 러브 액츄얼리의 한 장면, 아들과 아버지의 따뜻한 사랑을 푸근하게 그리고 있는 이 장면을 보시면서 여러분도 따뜻한 영어공부 하시기 바랍니다.

오늘의 표현

- So what's the problem, Samuel?
- Is it something worse?
- Can you give me any clues at all?
- Even if that's the case.
- There's nothing I can do about it.
- I mean I'm a little relieved.

THE SCENE

챕터4, 25:55-27:24

Dad So what's the problem, Samuel? Is it just mum or is it something else, huh? Maybe school? Maybe you're bullied? Or is it something worse? Can you give me any clues at all?
그래 뭐가 문제니, 사뮤엘? 그냥 엄마 때문이니 아니면 다른 뭔가가 있는 거니? 혹시 학교에서? 혹시 괴롭힘을 당하니? 아니면 그보다 더 나쁜 거야? 아빠에게 조금이라도 힌트를 주지 그러니?

Samuel You really want to know?
정말로 알고 싶으세요?

Dad I really want to know.
정말로 알고 싶구나.

Samuel Even though you won't be able to do anything to help?
도와줄 수 있는 일이 아무것도 없을텐데요?

Dad Even if that's the case, yeah.
그렇다 하더라도, 알고 싶어.

Samuel OK, well. The truth is, actually... I'm in love.
좋아요. 사실은, 실제로 전 사랑에 빠졌어요.

Dad Sorry?
뭐라고?

Samuel I know I should be thinking about mum all the time and I am. But I'm in love. The truth is I was before she died. There's nothing I can do about it.
항상 엄마를 생각해야 한다는 것 알고 또 생각하고 있어요. 하지만 사랑에 빠졌어요. 사실은 엄마가 죽기 전에 사랑에 빠졌어요. 내가 어떻게 할 수 없는 일이예요.

Dad Aren't you a bit young to be in love?
넌 사랑에 빠지기엔 좀 어리진 않니?

Samuel No.
아니요.

Dad Ah, oh! OK. Oh! I mean I'm a little relieved.
아, 오! 그래. 오! 내 말은 내가 약간 안심이 되었다는 뜻이야.

Samuel Why?
왜요?

Dad Because... I thought it'd be something worse.
왜냐하면... 내 생각엔 더 나쁜 것일지도 모른다고 생각했거든.

Samuel Worse than the total agony of being in love?
사랑에 빠진다는 그 완전한 고통보다 더 나쁜 것이라고요?

Dad Er... No, you're right. Total agony.
어... 아니다, 네 말이 옳다. 완전한 고통.

LECTURE

Dad So what's the problem, Samuel? Is it just mum or is it something else, huh? Maybe school? Maybe you're bullied? Or is it something worse? Can you give me any clues at all?

Samuel You really want to know?

Dad I really want to know.

Samuel Even though you won't be able to do anything to help?

Dad Even if that's the case, yeah.

Samuel OK, well. The truth is, actually... I'm in love.

Dad Sorry?

아빠가 걱정이 되어서 물어봅니다. So what's the problem, Samuel? 뭐가 문제니? 왜 그러니? 무슨 걱정거리 있니? 이런 뜻의 질문입니다. 이런 질문을 우리도 친한 사람이나 아끼는 사람에게 물어보는 경우가 많이 있지요. 근심이나 고민이 있는 것 같은데 말은 안하고 인상만 찌푸리고 있고 의욕도 없어 보일 때 이런 질문을 합니다. 비슷한 의미를 갖는 표현으로 What's the matter? What's wrong? 등이 있습니다. 기억해두시고 적절한 상황에서 사용하면 좋습니다. 아들이 말을 안 하니까 자기가 계속해서 문제가 무엇인지 구체적으로 거론하면서 묻습니다. Is it just mum or is it something else, huh? 엄마가 돌아가셨기 때문에 엄마가 그리워서 그러는지 아니면 다른 문제인지를 묻고 있는 것이지요. 그 다음에는 학교에서 무슨 일이 있는지 묻습니다. Maybe school? Maybe you're bullied? 여기서 bully라는 단어가 동사로 쓰이고 있지만 원래 bully는 명사로 약한 사람을 괴롭히는 건달이나 학교에서 친구를 왕따 시키거나 괴롭히는 말썽꾸러기, 불량배, 골목대장을 말합니다. Bully는 동사로도 쓰여서 이런 불량배나 불량한 학생들이 약한 아이를 괴롭히거나 왕따 시키는 일을 뜻하기도 합니다. 수동태로 써서 Are you bullied by your classmates? 너희 반 애들이 너 왕따 시켰니 혹은 괴롭혔니의 뜻이 됩니다. Or is it something worse? 아니면 그보다 더 나쁜 거야? 아들이 대답을 안 하니까 아빠는 혹시 더 나쁜 문제 때문인가 해서 이렇게 묻습니다. 이처럼 something과 같이 thing으로 끝나는 말을 수식할 때는 형용사가 그 뒤로 갑니다. 그래서 worse something이 아니라 something worse라고 해야 하는 것입니다. 이렇게 물어보는데도 아들이 아무 대답을 안 하니까 아빠가 답답해서 한마디 더 하지요. Can you give me any clues at all? 아빠에게 조금이라도 힌트를 주지 그러니? 여기서 clue라는 단어가 나오는데 이 단어를 이용한 매우 유용한 표현에는 have no clue라는 것이 있습니다. I have no clue 라고 하면 도무지 모르겠다, 오리무중이다라는 뜻입니다. Clue는 원래 어떤 문제나 신비를 푸는 실마리, 단서, 계기를 말합니다. 그래서 I have no clue 나 I don't have clue라는 표현은 어떤 단서나 실마리도 갖고 있지 않다 즉 아무 것도 아는 것이 없다라는 뜻이 되는 것입니다. 여기서 아들이 대답을 하려 하지 않으니까 아들의 고민과 관련된 조그만 단서나 힌트라도 달라고 이렇게 말하고 있는 것이지요. 여러분도 친구나 애인이 고민이 있는 것 같은데 말을 해주지 않으면 이렇게 Can you give me any clues at all? 이라고 물어보시면 됩니다. 아빠가 이렇게 집요하게 물으니까 아들 사뮤엘이 You really want to know? 정말 알고 싶어요? 라고 묻지요. 아빠가 I really want to know. 정말 알고 싶어 라고 대답합니다.

다시 사뮤엘이 묻습니다. Even though you won't be able to do anything to help? 도와줄 일이 아무 것도 없다 해도 알고 싶어요? 아들 질문이 매우 당돌하지만 한 번 더 확인하는 것이지요. 정말 알고 싶은지. 아빠가 대답합니다. Even if that's the case, yeah. 그렇다 하더라도, 알고 싶어. 이렇게 대답하는 건데, 여기서 that's the case라는 표현이 중요한 표현으로 다가오는군요. 원래 case란 경우, 실례, 사례의 뜻으로 많이 알고 있을텐데, 이처럼 that's the case라고 쓰일 때 case는 실상, 진상, 진실의 뜻을 갖습니다. 경우, 사례의 뜻으로 쓰일 때 가장 흔히 볼 수 있는 관용어구는 in nine cases out of ten이 있습니다. 우리말로 십중팔구라는 뜻이지요. 또 as is often the case with university students라고 하면 대학생들에게 흔히 있는 일이지만 이라는 뜻이 되지요. 여기서처럼 as is often the case with... 라고 하면 누구누구에게 흔히 있는 일이지만 이라는 뜻이 됩니다. 그런데 실상, 진상, 진실의 뜻으로 이 단어가 쓰일 경우에는 that's the case 와 같은 문장이 나오는데 이 문장은 yes, it is true와 같은 뜻의 문장입니다. 만약 어떤 사람이 Is he cheating in thc cxamination? 그 친구 그 시험에서 컨닝했어 라고 물었다면 대답으로 그냥 That's the case 라고 하면 맞아 그랬어의 뜻이 되는 것입니다. 만약 이 때 That's not the case라고 하면 그렇지 않다의 뜻이 되겠지요. 그러니까 아빠는 도와줄 수 없는 것이 사실이라 할지라도 알고 싶다고 하는 것이지요. 그래서 결국 사뮤엘이 마지못해 대답하는데 뜻밖에도 문제는 전혀 예상 밖이었습니다. I'm in love라고 말하는데 이 말은 물론 사랑에 빠져 있다는 뜻이지요. 사랑에 빠지다 라는 표현은 더 정확하게 fall in love with라고 합니다. With 뒤에는 사랑의 대상이 나오면 되겠지요. Air Supply의 유명한 노래 Lost in Love라는 노래가 있지요. 사랑을 하게 되면 갈피를 잡지 못하고 정신도 없고 뭘해야 될지도 모르겠고 그런 경우가 많지요. 그래서 Lost in love 사랑에 빠져 헤맨다는 표현이 나온 것입니다. 아빠가 너무 뜻밖의 대답을 들어서 자기 귀를 의심하지요. 그래서 Sorry? 라고 합니다. 즉 뭐라고 했어? 한번 더 이야기 해줘 라는 뜻이지요. 지난 시간에 이와 비슷한 뜻의 표현 배운 것 기억나십니까? 안 난다구요. 그럴 줄 알았습니다. I beg your pardon? 뒤에 인토네이션 올려 읽는 경우에 뭐라고 하셨지요? 라는 뜻이라고 했습니다.

EXPRESSION TIPS

Not have a clue

not have a clue가 위에서처럼 어떤 실마리도 갖고 있지 않다, 아무것도 모른다라는 뜻으로 쓰이는 경우가 흔합니다. I don't have a clue where she lives. 라고 하면 그녀가 어디 사는지 나는 전혀 모른다라는 뜻입니다. 하지만 또 이 표현을 사용해서 어떤 사람이 매우 멍청하다고 불만의 심정을 말할 수도 있습니다. Don't ask him to do it - he doesn't have a clue. 그 사람에게 그것 해달라고 부탁하지마. 그 사람 아무 것도 모르고 멍청해.

LECTURE

Samuel	I know I should be thinking about mum all the time and I am. But I'm in love. The truth is I was before she died. There's nothing I can do about it.
Dad	Aren't you a bit young to be in love?
Samuel	No.
Dad	Ah, oh! OK. Oh! I mean I'm a little relieved.
Samuel	Why?
Dad	Because... I thought it'd be something worse.
Samuel	Worse than the total agony of being in love?
Dad	Er... No, you're right. Total agony.

사뮤엘이 대답합니다. I know I should be thinking about mum all the time and I am. 엄마를 항상 생각해야 한다는 것 알고 있어요. 그리고 항상 생각하고 있어요. But I'm in love. 하지만 사랑에 빠져 있어요. 지금 사뮤엘이 하는 말은 죽은 엄마를 생각해야 하는 일과 사랑에 빠져있는 일을 동시에 할 수 있다는 말입니다. 엄마가 죽어서 슬프긴 하지만 또 다른 사랑의 힘을 거역할 수는 없다는 말인데 한 일곱, 여덟 살 된 애치고는 굉장히 똑똑하고 솔직하지요. The truth is I was before she died. 사실은 엄마가 죽기 전에 사랑에 빠져 있었어요. 여기서는 I was 뒤에 in love가 생략되어 있는 것이지요. 영어에서는 이처럼 같은 말이 반복되는 것을 싫어하고 생략하는 경향이 있습니다.

단순히 동사 하나로 그 뒤에 나올 말을 다 대신할 수 있습니다. There's nothing I can do about it. 내가 할 수 있는 일은 아무 것도 없었어요. 즉 사랑에 빠지는걸 내 힘으로는 막을 수 없었다는 뜻이지요. There's nothing I can do라는 표현도 자주 쓰이는 표현 중의 하나입니다. 누군가 도와 주고 싶지만 자신이 할 수 있는 일이 없을 때, I'd like to help you but there's really nothing I can do. 너를 도와 주고 싶지만 정말로 내가 할 수 있는 일이 아무것도 없구나 라고 하시면 됩니다. 사랑에 홀렸다고 하지요. 사랑은 마법과도 같고 주문과도 같다고 하지요. 그래서 사랑에 빠졌을 때 이렇게도 표현할 수 있습니다. Under your spell you know there's nothing I can do. 너의 마법에 걸려서 내가 할 수 있는 일은 아무 것도 없어. 즉 사랑 할 수 밖에 없다는 이야기지요. 그래서 아빠가 놀라서 말합니다. Aren't you a bit young to be in love? 넌 사랑에 빠지기엔 좀 어리진 않니? 이 문장은 원래 too…to… 구문이어야 하는 문장이지요. 즉 Aren't you too young to be in love? 넌 사랑에 빠지기엔 너무 어리지 않니? 라고 해야 하는데 이렇게 말하면 상대의 마음이 너무 상하겠지요. 너무 어리다니…. 그래서 앞에 있는 too를 a bit로 바꿔서 조금 어리지 않니?로 뜻을 완곡하게 전달하는 것입니다. 이렇게 말을 할 때는 문법적으로 꼭 정확하지 않더라도 원래 공식을 약간 변형해서 사용할 수 도 있다는 것 기억하시기 바랍니다.

사뮤엘이 NO! 아니라고 강력하게 대답하지요. 그래서 아빠가 자신의 말을 수습하려고 이렇게 말하지요. I mean I'm a little relieved. 내 말은 좀 마음이 놓였다는 뜻이야. I mean it 은 저번에 설명했지요. 진담이야 라는 뜻이지요. 그런데 여기서처럼 상대가 자신이 한 말을 오해했다고 생각하거나 아니면 자신이 말실수를 해서 수습해야 할 상황에 다시 한번 말하고 싶을 때 이처럼 I mean… 이라고 시작하는 문장으로 자신이 한 말을 정정할 수 있습니다. relieved라는 단어는 고통이나 근심이 누그러지다, 안심되다 라는 뜻을 갖습니다. 네가 안전하다니 안심되는구나 라고 말하고 싶으면 I am relieved that you are safe.라고 하면 됩니다. Why? 왜 안심이 되세요? 사뮤엘이 계속 추궁하듯이 묻습니다. 대단한 아이지요. 아빠가 변명하듯이 대답합니다. Because I thought it'd be something worse. 더 나쁜 일이라고 생각했었지. Something worse는 앞에서 설명했었습니다. 그러자 사뮤엘이 최후의 한방을 날리지요. Worse than the total agony of being in love? 사랑에 빠진다는 그 완전한 고통보다 더 나쁜 것이라고요? 그보다 더 나쁜 것이 있다는 말이예요? 이 꼬마가 아빠에게 사랑에 대해 강의하고 있는 듯한 느낌입니다. Total agony는 완전한 고통이라는 뜻인데요, 우리도 요즘 완전 소중을 완소라고 줄여 말하지요. 이처럼 완전이라는 말을 강조 어법으로 넣기를 좋아하는 것은 동서를 막론하고 신세대에게 흔히 있는 일입니다. 비슷한 말로 absolute, perfect등이 있는데 이것들은 보다 더 공식적인 단어들이고 신세대가 즐겨 쓰는 단어는 total입니다. 아빠가 완전 굴복하지요. No, you're right. Total agony. 그래 네 말이 맞다. 완전한 고통이다. 네 오늘은 아빠가 어린 아들의 고민을 걱정하다 완전한 패배를 당하는 모습을 보았습니다.

EXPRESSION TIPS

Total

total의 뜻은 원래 전부, 전부 합친, 총체적인 이라는 뜻입니다. 여기서 완전한, 극도의, 전적인 이라는 뜻도 파생됩니다. 그래서 젊은이들이 강조하는 말로 많이 사용하고 있는데 고지식한 어른들 중에는 이 말을 강조하는 말로 사용하는 것을 싫어하는 분도 있습니다. a total failure 라고 하면 완전한 실패, a total stranger 전혀 모르는 사람, total darkness 아무 것도 보이지 않는 어둠이라는 뜻입니다.

WRAP UP

Useful expressions:

What's the problem?
What's the matter?
What's wrong?
뭐가 문제니?

I have no clue. I don't have any clue.
도무지 모르겠다. 오리무중이다.

in nine cases out of ten 십중팔구

That's the case. 그래 사실이야.

There's nothing I can do about it.
내가 할 수 있는 일은 아무 것도 없었어요.

I mean I'm a little relieved.
내 말은 좀 마음이 놓였다는 뜻이야.

ROLE PLAY

Dad So what's the problem, Samuel? Is it just mum or is it something else, huh? Maybe school? Maybe you're bullied? Or is it something worse? Can you give me any clues at all?
그래 뭐가 문제니, 사뮤엘? 그냥 엄마 때문이니 아니면 다른 뭔가가 있는 거니? 혹시 학교에서? 혹시 괴롭힘을 당하니? 아니면 그보다 더 나쁜 거야? 아빠에게 조금이라도 힌트를 주지 그러니?

Samuel You really want to know?
정말로 알고 싶으세요?

Dad I really want to know.
정말로 알고 싶구나.

Samuel Even though you won't be able to do anything to help?
도와줄 수 있는 일이 아무것도 없을텐데요?

Dad Even if that's the case, yeah.
그렇다 하더라도, 알고 싶어.

Samuel OK, well. The truth is, actually... I'm in love.
좋아요. 사실은, 실제로 전 사랑에 빠졌어요.

Dad Sorry?
뭐라고?

Samuel I know I should be thinking about mum all the time and I am. But I'm in love. The truth is I was before she died. There's nothing I can do about it.
항상 엄마를 생각해야 한다는 것 알고 또 생각하고 있어요. 하지만 사랑에 빠졌어요. 사실은 엄마가 죽기 전에 사랑에 빠졌어요. 내가 어떻게 할 수 없는 일이예요.

CHECK UP

다음 우리 말 표현에 알맞게 영어 표현의 괄호를 채우시오.

1) 도무지 모르겠다. 오리무중이다.
= I have no (　　　　　).

2) 십중팔구
= in nine (　　　　　) out of ten

3) 그래 사실이야.
= That's the (　　　　　).

4) 내가 할 수 있는 일은 아무 것도 없었어요.
= There's (　　　　　) I can do about it.

5) 내 말은 좀 마음이 놓였다는 뜻이야.
= I mean I'm a little (　　　　　).

A TIP IN THE MOVIE

이 영화 러브 액츄얼리 (Love Actually)는 여러 독립적인 에피소드(episode)들을 어떤 하나의 주제 아래 인물이나 사건 별로 나열하는 옴니버스 영화 영어로도 omnibus film이라고 불리는 종류의 영화입니다. Omnibus란 원래 승합차, 버스를 뜻하거나 어떤 작가의 여러 작품을 모아서 출간한 작품 선집을 의미합니다. 이 단어가 영화에 적용되면서 러브 액츄얼리와 같은 영화를 지칭하는 용어가 된 것입니다. 이런 영화 종류를 에피소드 영화 (episode film) 이라고도 부릅니다. 러브 액츄얼리는 크리스마스가 가까워진 시기에 벌어지는 8개의 에피소드를 통해 사랑의 소중함과 아름다움을 가슴 깊이 스며들게 만드는 잔잔한 영화입니다. 크리스마스는 서양에서 가족과 친지의 사랑을 새롭게 깨닫고 확인하게 해주는 특별한 날입니다. 이 날은 그 특별한 마음을 전달하기 위해 사랑하는 사람에게 크리스마스 선물을 보내지요. 이 영화의 포스터와 시작 화면도 역시 Christmas gift를 포장하는 포장지에 쌓여 전해집니다. 즉 이 영화 자체가 일종의 크리스마스 선물인 것이지요. 사랑의 마음을 전하는. 이 영화의 opening 멘트는 이렇게 시작합니다. "General opinion's starting to make out that we live in a world of hatred and greed – but I don't see that – seems to me that love is everywhere." "우리가 미움과 탐욕의 세계에 살고 있다는 일반적인 견해는 내가 보기에 틀린 것 같다. 사랑은 모든 곳에 존재하는 것처럼 보인다." 세상 자체 보다는 세상을 바라보는 우리의 시각 즉 view of the world가 세상을 바꿀 수 있는 힘을 더 크게 갖고 있습니다.

Chapter 8

공항 입국 심사대에서

With Immigration Officers

INTRO

장면 소개

이번 주에 배울 장면은 미국 공항에 처음 도착해서 비자를 받기 위해 출입국 관리 영사와 대화를 나누는 장면입니다. 이때 주고 받는 대화는 거의 정례화 되어 있다고 해도 과언이 아닙니다. 하지만 이런 상황에서 본인이 대답 한마디를 잘못하면 비자를 받지 못하는 상황도 발생할 수 있기 때문에 매우 신중하고 적절한 대답이 필요합니다. 이런 상황에서는 될 수 있는 대로 쓸데없는 말을 하지 않는 것이 중요합니다. 반드시 해야 할 대답만 하고 상대의 의도를 정확하게 알아 듣는 것이 필요합니다. 비자 받기 위해 필요한 몇 가지 대화를 이번 주에 공부하도록 하겠습니다.

이번 주에 볼 영화 장면은 2004년에 제작된 톰 행크스, 캐서린 제타 존스 주연의 터미널의 시작 장면입니다. 미국에 막 도착한 외국인들이 처음 공항에서 여권을 제시하고 비자를 발급 받기 위해 받는 여러 질문들과 대답들이 화면에 나타나고 다음 장면엔 비자를 받지 못한 빅터 나보스키가 다시 한번 비자를 받기 위해 노력하는 장면 등이 나옵니다. 기본적인 영어 표현들이지만 반드시 알아두어야 할 표현들 이번 주에 공부하시기 바랍니다.

오늘의 표현

- Please have your 94 forms filled out!
- What is the purpose of your visit?
- How long will you be staying in UnitedStates?
- Could I see your return ticket please?
- There's nothing we can do for you here.

THE SCENE

1:10

Announcement Please have your 94 forms filled out!
94번 양식을 채워 넣기 바랍니다.

Immigration officer What is the purpose of your visit? Business or pleasure?
방문 목적이 무엇인가요? 사업 때문인가요 아니면 놀러오셨나요?

Foreigner 1 Just visiting. Shopping.
그냥 방문한거예요. 쇼핑하러요.

Foreigner 2 Pleasure.
놀러왔어요.

Foreigner 3 Business.
사업 때문에 왔지요.

Immigration officer How long will you be staying in United States?
미국에 얼마나 오래 머무를건가요?

Foreigner 3 One month.
한 달이요.

Immigration officer Could I see your return ticket please?
돌아갈 비행기 표 좀 볼 수 있을까요?

Immigration officer Enjoy your stay. Next!
재미있게 머물다 가세요. 다음!

Announcement Please have your passports, immigration forms, I-94, and customs declarations, ready to hand to the inspector.
여권, 입국 양식 I-94 그리고 세관통관양식을 준비해서 영사관에게 제출하기 바랍니다.

Mr. Navorski I need visa.
저는 비자가 필요합니다.

gration officer Where's your green form? I can't do anything without it. Go to the wall. Next!
(Green Form을 들고 온다)
초록색 양식이 어디 있나요? 그게 없으면 저는 아무 일도 할 수 없습니다.
벽 쪽으로 가보세요. 다음!

gration officer Sir, the light green form. (Light Green Form을 들고 온다)
선생님, 연한 초록색 양식입니다.

gration officer Mr. Navorski, you cannot get into New York without a visa. You cannot get a visa without a passport, and you cannot get a new passport without a country. There's nothing we can do for you here.
나보스키 씨, 당신은 비자 없이는 뉴욕에 들어갈 수 없습니다. 그리고 여권 없이는 비자를 얻을 수 없구요, 그리고 자기 나라가 없이는 새로운 여권을 얻을 수 없습니다.
여기서 당신을 위해 해줄 수 있는 일은 아무 것도 없습니다.

Mr. Navorski I give you light green.
제가 당신에게 연한 초록색 양식을 주었잖아요.

gration officer I'm sorry but you've wasted an entire day.
At this time you are simply...
죄송하지만 당신은 하루 온 종일을 허비하셨습니다. 현재 이순간 당신은 단지…

Mr. Navorski Unacceptable.
받아들여질 수 없다구요.

gration officer Yes, unacceptable.
그래요, 받아들여질 수 없어요.

LECTURE

Announcement	Please have your 94 forms filled out!
Immigration officer	What is the purpose of your visit? Business or pleasure?
Foreigner 1	Just visiting. Shopping.
Foreigner 2	Pleasure.
Foreigner 3	Business.
Immigration officer	How long will you be staying in United States?
Foreigner 3	One month.
Immigration officer	Could I see your return ticket please?
Immigration officer	Enjoy your stay. Next!
Announcement	Please have your passports, immigration forms, I-94, and customs declarations, ready to hand to the inspector.

스피커에서 목소리가 들립니다. 여러분들도 공항의 입국장에 가게 되면 안내자가 큰 목소리로 말하거나 스피커로 들리는 말들이 있는데 이것을 열심히 들어야 합니다. 그것을 주의하지 않고 듣지 않게 되면 최소한 시간을 지체하거나 큰 낭패를 볼 수도 있습니다. 스피커로 들리는 목소리가 이렇게 말합니다. Please have your 94 forms filled out! 여기서 have 동사는 사역동사이고 목적어인 94 forms가 fill out 이라는 동사구의 동작을 받는 수동의 입장이기 때문에 뒤에 filled out이라고 과거분사 형으로 나오는 것입니다. 여기서 쓰이는 fill out이라는 동사구는 어떤 지원서나 양식의 빈칸을 채워 넣는 것을 말하는 것입니다. 그냥 단지 fill out an application이라고 하면 어디어디에 지원하다 라는 뜻이 됩니다. 취업 지원서를 냈다는 표현도 그냥 fill out an application 이라고 하면 되는 것이지요. fill out이 말랐던 사람이 뚱뚱해졌다 라는 뜻도 있으니까 잘 구분해서 쓰기 바랍니다.

영사관이 묻지요. What is the purpose of your visit? 방문의 목적이 무엇입니까 라는 뜻인데 비슷한 문장으로 Why do you come here?라고 할 수도 있고 What brought you here?라고 물어볼 수도 있습니다. 이럴 때 내납은 구제석으로 할 필요가 없습니다. 이 질문을 하는 목적은 단 두 가지의 대답 중에 하나를 선택하라고 요구하는 것이기 때문입니다. 즉 Business 인가 아니면 pleasure 인가 하는 것이지요. Business란 사업 때문에 혹은 출장 때문에 온 것을 말하고 그 외에는 모두 pleasure라고 대답하면 됩니다. 첫번째 외국인이 Just visiting. Shopping이라고 대답하는데 이건 꼭 틀린 대답이라고 할 수는 없지만 이렇게 대답할 필요가 없는 것이지요. 그냥 Business나 Pleasure 둘 중에 하나로만 대답하면 됩니다. 다시 영사관이 묻지요. How long will you be staying in United States?얼마나 오래 미국에 머무를 겁니까? How long으로 시작하는 의문문에 대해서는 지난번에 공부했었습니다. 이 질문을 이런 식으로 물을 수도 있습니다. When will you leave United States?혹은 Do you know when you will leave United States? 언제 미국을 떠날 것이냐 라고 묻는 질문이지요. leave라는 동사 뒤에는 이런 식으로 목적어가 바로 옵니다. Leave from United States라고 from을 붙이면 틀립니다. 하지만 leave for United States라고 하면 미국으로 떠나다, 미국을 향해 떠나다 라는 뜻으로 사용할 수 있습니다. 외국인이 one month라고 대답하지요. 꽤 오래 있네요.

다시 또 영사관이 묻습니다. Could I see your return ticket please? 돌아갈 비행기표를 보여달라고 하는 것이지요. 이런 말을 하는 이유는 돌아갈 비행기표가 있어야 이 사람이 미국에 불법체류 하지 않고 자기 나라에 돌아갈 것을 확인할 수 있는 증거가 된다고 믿기 때문입니다. 그런데 여기서 return ticket에 대한 설명을 좀 더 해야 할 것 같습니다. 여기서 return ticket은 돌아갈 비행기 표를 말하는 것이지요. 미국에서 이렇게 쓰는데요 영국에서의 return ticket은 돌아갈 표뿐만 아니라 왕복표를 모두 뜻하는 말입니다. 미국에서 왕복표는 a round-trip ticket이라고 합니다. 편도차표는 영국에서 a single ticket이라고 하고 미국에서는 a one-way ticket이라고 합니다. 이처럼 어떤 경우에 영국과 미국에서 사용하는 단어와 뜻이 다를 경우가 있으니 이런 점을 주의하기 바랍니다. 비자를 주면서 영사관이 Enjoy your stay라고 말합니다. 즐겁게 지내라는 것이지요. 다음 사람은 Next! 라고 부릅니다.

다음에 다시 스피커에서 목소리가 들립니다. Please have your passports, immigration forms, I-94, and customs declarations, ready to hand to the inspector. Passport는 여권이지요. Immigration forms I-94는 입국 심사 양식을 말합니다. 여기에 자신의 신분 사항을 기입하겠지요. Customs declarations는 세관을 통관할 때 세금내야 할 물건이 있는지 없는지를 적어내는 서류를 말합니다. Declaration이란 declare라는 동사에서 나온 명사인데요 여기서 declare란 신고한다는 의미입니다. 즉 세금을 낼 물건이 있으면 본인이 알아서 신고를 하는 것이지요. 세금을 낼 물건이 없다고 신고했는데 검사해서 세금내야 할 물건이 나오면 과태료까지 포함해서 중과세 당하는 것이지요. 담배나 양주 같은 것 너무 많이 갖고 다니지 마시기 바랍니다. Ready to hand to the inspector 여기서 hand는 건네다 라는 뜻입니다. Ready to hand는 건넬 준비를 갖추어 라는 말이겠지요. Inspector는 여기서 물론 영사관을 말하는 것이지요. inspector는 여러 가지 뜻이 있는대요 학교에 오는 inspector는 장학사이고 경찰에서는 police inspector 즉 경감 정도의 계급을 말하는 것입니다.

LECTURE

Mr. Navorski	I need visa.
Immigration officer	Where's your green form? I can't do anything without it. Go to the wall. Next!
Immigration officer	Sir, the light green form
Immigration officer	Mr. Navorski, you cannot get into New York without a visa. You cannot get a visa without a passport, and you cannot get a new passport without a country. There's nothing we can do for you here.
Mr. Navorski	I give you light green.
Immigration officer	I'm sorry but you've wasted an entire day. At this time you are simply
Mr. Navorski	Unacceptable.
Immigration officer	Yes, unacceptable.

나보스키가 말합니다. I need visa. 난 비자가 필요해요. 나보스키는 현재 영어를 말하는 것이 많이 서툽니다. 비자 심사관이 말합니다. Where's your green form? 여기서 green form이나 light green form은 비자 신청 서류겠지요. I can't do anything without it. 그것 없이는 난 아무것도 할 수 없어요. Go to the wall. 벽 쪽으로 가서 서류 양식을 찾아 작성하라고 하는군요. Next! 다음 사람이라고 외치는데 너무 사무적인 느낌이 들지요. 그런데 비자 심사관은 대부분 사무적입니다.

나보스키가 green form을 가져오니까 다시 그게 아니고 light green form이라고 정정합니다. 다시 나보스키가 light green form을 가져오자 이제 어쩔 수 없어서 쉬운 영어로 나보스키에게 설명해주지요. Mr. Navorski, you cannot get into New York without a visa. 나보스키 씨, 비자 없이는 뉴욕에 들어올 수 없습니다. You cannot get a visa without a passport, 여권 없이는 비자를 얻을 수 없구요. and you cannot get a new passport without a country. 당신 조국이 없이는 새로운 여권을 받을 수 없습니다. There's nothing we can do for you here. 여기서 우리가 당신에게 해줄 수 있는 것이 아무것도 없습니다. 이처럼 There's nothing we can do와 같은 구문을 손님의 불만이나 민원을 상대해야 하는 사무원들이 자주 사용합니다. 대개 이 말 앞에는 I'm sorry가 붙겠지요.

하지만 여러분들이 이 말을 들었다고 그냥 물러나면 안될 때도 있겠지요. 그럴 때는 이렇게 말해주면 됩니다. That's not true. 그건 사실이 아니예요. There's always something you can do. 당신들이 할 수 있는 뭔가가 항상 있어요. 상대가 말한 구문에서 nothing을 something으로 바꾼 문장이지요. What you really mean to say is, 'I'm sorry, there's nothing else we feel like doing. 당신들이 정말로 하고 싶은 말은 미안하지만 우리가 하고 싶은 일이 더 없네요 라는 것이지요. 이렇게 말하면 상대가 꼼짝을 못하겠지요. 여러분도 항상 영어로 당하지만 말고 반격을 가할 필요도 있습니다. 여기서도 나보스키씨가 한번 저항을 해보지요. I give you light green. 당신이 주라고 한 연한 초록색 양식을 주었잖아요.

그러자 비자 심사관이 대답합니다. I'm sorry but you've wasted an entire day. 미안하지만 당신은 하루를 온통 허비하셨네요. Waste an entire day는 보통 과장해서 하는 말이겠지만 정말 이런 느낌이 들 때가 있겠지요. 정말 날씨 좋은 봄날 애인이 만나자고 하는데 집안에서 하루 종일 조카랑 놀아줘야 한다면 이럴 때 I've wasted an entire day란 말을 할 수 있겠지요. waste라는 말은 무언가를 제대로 쓰지 못하고 낭비했다는 뜻입니다. 보통 시간이나 돈을 쓸데없이 낭비하는 경향이 있지요. 이럴 때는 waste time 혹은 waste money라고 하면 되겠지요. 쓸데없는 말을 하거나 허튼 소리를 할 때도 있겠지요. 그럴 때는 waste words 라고 하면 됩니다. You are wasting yourself. 라고 뒤에 재귀대명사를 가져오면 너는 아까운 재능을 헛되게 놀리고 있어라는 뜻이 됩니다. I wasted smile on her. 라고 하면 그녀에게 미소를 보냈지만 소용이 없었다는 뜻이 되겠지요. Waste가 들어가는 문장 여러분이 직접 만들어 보시기 바랍니다. At this time you are simply… 라고 하면서 그 뒤를 잇지 못하는데요, 나보스키가 그 전에 들었던 단어를 되뇌입니다. Unacceptable 받아들여질 수 없다고요. 어디에서도 받아들여지지 않는 니보스키의 사정을 그대로 표현하고 있는 단어지요. 이번 주 영어회화 트레이닝 수업 여기서 마치겠습니다.

EXPRESSION TIPS

Waste one's breath

직역 하자면 숨을 낭비했다는 뜻인데 구어체 표현으로 말해봤자 아무 소용없었다는 뜻입니다. 말은 많이 했는데 아무런 효과가 없을 때 말하느라고 내뱉은 숨들을 낭비했다고 말하는 것이지요. 어떤 사람을 말로 설득할 수 없었다는 의미라고 할 수 있습니다. I can see that I'm wasting my breath. 나는 내가 말한 것이 모두 허사였음을 깨닫는다.

WRAP UP

Useful expressions:

Please have your 94 forms filled out!
94번 양식을 채워 넣기 바랍니다.

What is the purpose of your visit? Business or pleasure?
방문 목적이 무엇인가요? 사업 때문인가요 아니면 놀러오셨나요?

Could I see your return ticket please?
돌아갈 비행기 표 좀 볼 수 있을까요?

There's nothing we can do for you here.
여기서 우리가 당신에게 해줄 수 있는 것이 아무것도 없습니다.

I'm sorry but you've wasted an entire day.
미안하지만 당신은 하루를 온통 허비하셨네요.

You are wasting yourself.
너는 아까운 재능을 헛되게 놀리고 있어.

ROLE PLAY

Mr. Navorski **I need visa.**
저는 비자가 필요합니다.

Immigration officer **Where's your green form? I can't do anything without it. Go to the wall. Next!**
초록색 양식이 어디 있나요? 그게 없으면 저는 아무 일도 할 수 없습니다.
벽 쪽으로 가보세요. 다음! (Green Form을 들고 온다)

Immigration officer **Sir, the light green form.**
선생님, 연한 초록색 양식입니다. (Light Green Form을 들고 온다)

Immigration officer **Mr. Navorski, you cannot get into New York without a visa. You cannot get a visa without a passport, and you cannot get a new passport without a country. There's nothing we can do for you here.**
나보스키 씨, 당신은 비자 없이는 뉴욕에 들어갈 수 없습니다. 그리고 여권 없이는 비자를 얻을 수 없구요, 그리고 자기 나라가 없이는 새로운 여권을 얻을 수 없습니다.
여기서 당신을 위해 해줄 수 있는 일은 아무 것도 없습니다.

Mr. Navorski **I give you light green.**
제가 당신에게 연한 초록색 양식을 주었잖아요.

Immigration officer **I'm sorry but you've wasted an entire day. At this time you are simply...**
죄송하지만 당신은 하루 왼 종일을 허비하셨습니다. 현재 이순간 당신은 단지…

Mr. Navorski **Unacceptable.**
받아들여질 수 없다구요.

Immigration officer **Yes, unacceptable.**
그래요, 받아들여질 수 없어요.

CHECK UP

다음 우리 말 표현에 알맞게 영어 표현의 괄호를 채우시오.

1) 94번 양식을 채워 넣기 바랍니다.
= Please have your 94 forms (   ) out!

2) 여기 어떤 이유로 오셨나요? = What (   ) you here?

3) 돌아갈 비행기 표 좀 볼 수 있을까요?
= Could I see your (   ) ticket please?

4) 그녀에게 미소를 보냈지만 소용이 없었다.
= I (   ) smile on her.

5) 당신들이 할 수 있는 뭔가가 항상 있어요.
= There's always (   ) you can do.

A TIP IN THE MOVIE

이 영화 터미널(Terminal)은 영화감독 스티븐 스필버그 (Steven Spielberg)가 2004년에 제작한 영화입니다. 스티븐 스필버그가 E.T. 즉 Extra Terrestrial 외계인이라는 영화를 만들었다는 것은 잘 알려진 사실이지만 그가 죠스(Jaws)라는 식인상어에 관한 흥행영화를 감독했다는 사실은 사람들이 까맣게 잊고 있을지도 모르겠습니다. 스티븐 스필버그는 영화 흥행의 마술사로도 알려져 있지만 1994년 쉰들러 리스트로 아카데미 작품상과 감독상을 받았고 1999년에는 라이언 일병 구하기로 아카데미 감독상을 다시 받을 만큼 그 예술성도 인정 받았습니다. 하지만 터미널이라는 이 영화는 흥행은 어느 정도 성공한 코미디 로맨스 영화라고는 하지만 예술성과 작품성에 있어서는 그리 호평을 받지 못한 영화 중의 하나입니다. 여기서의 terminal이란 a terminal airport 즉 JFK 뉴욕 공항을 말합니다. 만약 a terminal station이라 하면 종착역을 말합니다. terminal이라는 단어는 원래 끝, 종점, 말단을 뜻합니다. 하지만 또한 terminal이라는 단어에는 경계의, 경계에 놓인 이라는 뜻도 있습니다. 이 영화 터미널은 미국 공항에서 벌어지는 희한한 일을 그리고 있는 듯 하지만 실은 미국에 이민을 오거나 미국에 들어와 미국에 정주하려는 많은 사람들의 경계에 놓인 삶을 그리고 있는 듯 합니다. 어디에도 속하지 못하고 어정쩡하게 소외되고 배척되는, 영어로 말하자면 marginalized된 삶을 보여주고 있습니다. 이들의 경계에 놓인 불안한 삶은 미국에 대한 열망과 미국의 이민 정책이 야기한 한 단면을 보여주고 있는 것이라고 할 수 있습니다.

Chapter 9

결혼식장에서

At a Wedding Ceremony

INTRO

장면 소개

이번 주에는 결혼식장에서 벌어질 수 있는 장면을 공부하도록 하겠습니다. 우리나라에서는 결혼식장 앞에서 축하금을 받기 때문에 신랑측 신부측으로 나뉘게 됩니다. 하지만 서양에서는 축하금 때문이 아니라 앉는 자리 때문에 신랑측 신부측 구분을 하게 되지요. 이렇게 신랑측 신부측 구분을 영어로 어떻게 하는지 그리고 결혼식장에 가면 오래간만에 만나거나 반가운 친구나 친척을 만나기도 하는데 만나서 어떤 이야기를 주고 받을 수 있는지 공부하기로 하겠습니다.

이번 주에 볼 장면은 1994년에 제작된 유명한 영화 네번의 결혼식과 한번의 장례식 영어 원제로 Four Weddings and a Funeral에 나오는 장면입니다. 챨스는 결국 총각 시절을 마감하고 자신을 끈질기게 따라다녔던 한 여성과 결혼을 하게 됩니다. 하지만 자신이 사랑했던 여성은 따로 있었고 그 여성은 다른 남자와 결혼해서 행복하게 살고 있다고 믿고 있습니다. 자신의 결혼 식장에서 하객으로 온 그녀 캐리를 만나게 된 챨스는 뜻밖의 놀라운 소식을 듣게 되고 충격에 휩싸입니다. 마이크 뉴웰이 감독하고 휴 그랜트, 앤디 멕도웰이 주연한 Four Weddings and a Funeral을 이번 주에 감상하면서 영어공부 하도록 하겠습니다.

오늘의 표현

- Groom's on the right. Bride's on the left.
- He wasn't the man for me after all.
- Charles, time to travel.
- So why didn't you get in touch, then?
- I'll show you to your seat.

THE SCENE

01:32:52-01:36:34

Tom	Groom's on the right. Bride's on the left. 신랑측은 오른편, 신부측은 왼편입니다.
Matthew	Groom on the right. Bride on the left. 신랑측은 오른편, 신부측은 왼편입니다.
Scarlet	Oh, my God! I thought you'd gone back to Texas. 어머나! 난 당신이 텍사스로 돌아가버렸다고 생각했어요. 당신 없이는 절대 안가지요.
Scarlet's boyfriend	Without you, never. 당신 없이는 절대 안 가지요.
Matthew	Good luck. Bride or groom? 복 받으세요. 신부측이신가요, 신랑측이신가요?
Tom	Bride or groom? 신부측이신가요, 신랑측이신가요?
An old man	It should be perfectly obvious I'm neither. Great God! 내가 둘 다 아니라는건 너무나 분명하잖아. 세상에!
Tom	Bride or groom? 신부측이신가요 신랑측이신가요?
A woman	Bride. 신부측이요.
Charles	How's Hamish? 해미쉬는 어떻게 지내나요?
Carrie	He's fine... I believe. 괜찮아요. 그럴꺼라고 믿어요.
Charles	You believe? 그렇다고 믿는다고요?
Carrie	Well, yes. He wasn't the man for me after all. 아, 그래요. 결국 그 사람은 내게 맞는 남자가 아니었어요.
Charles	You left him? 그 사람을 떠났나요?
Carrie	We left each other. 우리 둘 다 서로에게서 떠났어요.

Charles **When?**
언제요?

Carrie **A few months now.
March was hell. By April, it was sordid.
That's the last time I marry someone three times my age.**
이제 두세 달 되었어요.
3월에는 지옥 같았고 4월에는 지저분해졌죠.
그게 내가 내 나이보다 세배 많은 사람과 결혼하는 마지막이 될 거예요.

Tom **Charles, time to travel.**
찰스, 시간되었어.

Charles **Yeah. Coming. Good.
So why didn't you get in touch, then?**
그래, 간다고. 좋아요. 그런데 왜 저에게 연락하지 않으셨나요?

Carrie **I did think about it.
I wanted to, but I was in a state.
So, anyway, I don't want to keep you.
And I'll see you afterwards.**
연락할까 생각도 했었지요. 그러고 싶었지만, 제 상태가 좀 그래서요.
어쨌든, 연락하기 싫었어요. 나중에 보지요.

Charles **Yeah. Fine. Wait. I'll show you to your seat.
Just showing her to her seat.
Our timing's been really bad, hasn't it?**
예, 좋아요. 잠시만요. 앉을 자리까지 데려다 드리지요. 이 분에게 그냥 앉을 자리까지 안내해 드리는거야. 우리 타이밍은 정말 나빴지요, 그렇지요.

Carrie **It's been bad, yes.**
예, 나빴어요.

Charles **It's been a disaster.**
그건 재난 수준이었지요.

Carrie **It has, as you say, been very bad indeed.**
말씀 하신대로 정말 매우 나빴어요.

Charles **God, it's lovely to see you.**
오 하나님, 당신을 보니 정말 좋군요.

LECTURE

Tom	Groom's on the right. Bride's on the left.
Matthew	Groom on the right. Bride on the left.
Scarlet	Oh, my God! I thought you'd gone back to Texas.
Scarlet's boyfriend	Without you, never.
Matthew	Good luck. Bride or groom?
Tom	Bride or groom?
An old man	It should be perfectly obvious I'm neither.
	Great God!
Tom	Bride or groom?
A woman	Bride.

우리나라 결혼식 풍습에서는 신랑 신부에게 축하금을 전달하기 위해 신랑측 신부측을 구별하지만 서양에서는 결혼식장 앞에서 축하금을 전달하는 일은 없습니다. 단지 좌석을 구분하기 위해 신랑측과 신부측을 구분하지요. Tom과 Matthew 모두 결혼식장 앞에서 들어오는 손님들에게 Groom's on the right. Bride's on the left. 라고 말하는데 여기서 Groom은 신랑이고 Bride는 신부입니다. 그러니까 신랑측은 오른쪽 신부측은 왼쪽이라고 말하는 것이지요. 스칼릿이 미국으로 떠났다고 생각한 남자친구가 찾아온 것을 보았습니다. 이처럼 결혼 식장에서는 뜻밖의 재회를 하는 경우가 많이 있지요. Oh, my God! I thought you'd gone back to Texas.Oh,myGod!은 흔히 놀라움을 나타낼 때 발설하는 표현이지요. 당신이 텍사스로 돌아갔다고 생각했어요. 이때처럼 you had gone to Texas라고 하면 텍사스에 가서 안돌아오다 라는 뜻입니다. 만약 you had been to Texas라고 하면 텍사스에 갔다 돌아오셨군요 라는 뜻이 됩니다. 그 차이를 알아두시기 바랍니다. 그러자 스칼릿의 남자친구가 느끼하게 대답하지요. Without you, never. 네가 없다면 결코 가지 않을 것이다 라고 하는 것입니다.

Tom과 Matthew는 계속해서 손님들에게 Bride or Groom?이라고 계속 묻고 있지요. Matthew가 친분이 있는 손님에게 Good luck! 이라는 표현을 하고 있는데요, 이 Good luck이라는 표현은 영어를 쓰는 사람들이 매우 자주 쓰는 표현 중의 하나인데 여러분들도 필요한 경우에 자주 쓰면 쓸수록 좋은 표현입니다. 우리말로는 행운을 빕니다, 복 많이 받으세요, 성공을 빕니다, 힘내세요 정도의 다양한 뜻으로 쓰일 수 있습니다. 여러분들의 친구가 취업 시험을 치러 갈 때, 혹은 소개팅 하러 나갈 때도, 군대에 갈 때도 Good luck! 이라는 말을 쓰면 서로 기분 좋아지겠지요. 조지 클루니 주연의 Good night and good luck이라는 제목의 영화도 있는데 이처럼 good night 이라고 헤어지는 인사를 하면서 내일 해야 할 중요한 일 잘 이루어지라고 good luck을 덧붙이면 좋습니다.

나이 드신 어르신 한 분이 들어오시지요. 그러자 Tom이 또 Bride or groom? 이라고 묻는데 이 어르신은 이 말을 잘못 알아듣고 자신이 신부인지 신랑인지를 묻는 말로 착각합니다. 그래서 이 분이 이렇게 대답하지요. It should be perfectly obvious I'm neither. Great God! 내가 둘 다 아니라는 것은 너무나 명백하지요. 오 맙소사! 여기서 neither 라는 말은 둘 다 아니다라는 뜻입니다. Neither 는 either 와 not 이 합쳐진 형태입니다. Both 와 not 이 합쳐지면 둘 다 … 한 것은 아니다라는 부분 부정의 뜻을 나타냅니다. Both of them are not my friends. 걔들 둘 다 내 친구는 아니다. 그러니까 둘 중 하나 만 내 친구란 뜻이겠지요. 여기서 I' m neither란 말은 내가 신부도 아니고 신랑도 아니다 라는 뜻이고 obvious는 분명한 명백한의 뜻이지요. Great God! 어처구니 없을 때나 심하게 놀랐을 때 내지르는 감탄사입니다. 이 어르신이 상황 파악을 잘 못해서 벌어지는 장면이지요. 이 영화에 자주 등장하는 코믹한 장면들 중의 하나입니다.

ECTURE

Charles How's Hamish?

Carrie He's fine... I believe.

Charles You believe?

Carrie Well, yes. He wasn't the man for me after all.

Charles You left him?

Carrie We left each other.

Charles When?

Carrie A few months now.
March was hell. By April, it was sordid.
That's the last time I marry someone three times my age.

Charles가 자신이 흠모하고 사랑했던 여인 Carrie가 온 것을 봅니다. Charles는 지금 이 결혼식의 신랑이지요. Charles가 묻습니다. How's Hamish? Hamish는 Carrie와 결혼한 남편입니다. 자기가 좋아하는 여자의 남편 안부를 묻는 것이 잘못은 아니겠지요. He's fine... I believe. 캐리의 대답이 조금 이상하지요. He's fine 그는 좋습니다 까지는 아무 문제 없습니다. 하지만 뒤에 I believe를 첨가하면서 이상하게 들리는 것이지요. 캐리는 의도적이든 의도적이지 않든 여기에 I believe라는 말을 끼워 넣음으로써 자신의 상황을 찰스에게 은근히 알릴 수 있게 되는 것입니다. 여기서 I believe라는 의미는 그런지 확실히 모르지만 그러리라고 짐작한다 정도의 의미로 덧붙이는 말입니다. 그러니까 현재 부부여서 함께 살고 있다면 여기에 I believe라는 말을 덧붙이는 것은 이상하게 들릴 수 있는 것이고 여기서 캐리가 이 말을 덧붙이는 의도는 자신이 더 이상 해미쉬와 함께 살고 있는 사이가 아니라는 것을 알리는 것입니다. 이렇게 짧게 덧붙이는 말 한마디가 어떤 상황을 전혀 다르게 전달할 수 있습니다. 그래서 찰스가 의아하게 생각하고 되묻습니다. You believe? 그렇게 생각한다구요?

두 사람이 아직까지 부부라고 생각했던 챨스에게 이 I believe라는 말은 너무 뜻밖이지요. 그래서 캐리가 어쩔 수 없이 대답해야 하겠다는 듯 대답합니다. Well, yes. He wasn't the man for me after all. 결국 그 사람은 내게 맞는 남자가 아니었어요. 그래서 챨스가 다시 한번 확인하기 위해 묻습니다. You left him? 네가 그 남자를 떠났느냐? 이 상황에서 챨스가 캐리에게 이혼했느냐고 직설적으로 묻기는 좀 난처하겠지요. You left him이라는 표현은 보다 완곡한 표현이면서 보다 넓은 뜻을 갖고 있어서 이처럼 미묘하고 심세한 싱황에서 직절한 표헌입니다. 그러자 캐리가 더 정확하고 확실하게 자신의 상황을 알려줍니다. We left each other. 우리는 서로에게서 떠났어요. 이 말은 두 사람이 이혼했다는 사실을 더 분명하게 말해주는 것입니다.

그러자 다시 챨스가 When? 그게 언제냐고 묻습니다. 챨스는 지금 이 사실을 좀 더 일찍 알았으면 이 결혼식을 하지 않아도 되지 않았을까 쓰라린 가슴을 안고 묻는 것이지요. 캐리가 A few months now. 라고 대답하는데 이 대답은 정확한 날짜를 말하지 않으면서 한 두세 달 되었다고 최근의 일임을 강조하는 것이지요. 캐리는 현재 챨스에게 미안한 감정도 갖고 있고 또 서운한 감정도 함께 갖고 있겠지요. 챨스가 자신을 좋아한다는 사실을 알고 있으면서도 해미쉬와 결혼해서 미안한 감정을 갖고 있고 이제 자신이 이혼한 상황인데 결혼식을 하려는 챨스에게 이제 당신과 사귀고 싶다고 말 할 수 없어서 서운한 것이지요. 이런 감정이 복합적으로 작용해서 언제 이혼했는지 정확하게 말하고 싶지 않은 감정을 이 문장에서 전하고 있습니다. 계속해서 말하지요.

March was hell. By April, it was sordid. 자신의 결혼생활이 이혼의 파국에 치닫게 된 과정을 매우 간단하게 설명하고 있습니다. 3월에는 지옥과 같았다고 합니다. 서로 싸우고 소리 지르고 부부싸움을 많이 했다는 사실을 말하는 것이지요. 4월에는 지저분해졌다고 합니다. sordid라는 단어는 원래 더럽고 지저분하고 치사하고 비열한 것을 말합니다. 그러니까 4월에는 심한 부부싸움은 안 했지만 서로 비열하게 이기적으로 굴면서 부부의 연을 더 이을 생각이 없어졌다는 이야기입니다. 캐리가 한마디 더 하는데 이 말 역시 의미심장 합니다. That's the last time I marry someone three times my age. 그게 내가 내 나이보다 세배 많은 사람과 결혼하는 마지막이 될 거예요. 해미쉬가 자신보다 굉장히 나이 많은 남자였고 그 남자와의 결혼은 사실 사랑 때문이었다기 보다는 그 남자의 지위와 재산을 보고 했던 결혼이었습니다. 이제 그런 결혼은 하지 않겠다고 하는 것은 당신과 같은 남자가 이제 나에게는 필요하다. 그런데 당신은 지금 다른 여자와 결혼을 하고 있구나, 라는 뜻이 포함되어 있다고 보아도 무방합니다.

지금 이 두 사람이 나누고 있는 대화는 이 극적인 상황에서 두 사람의 미묘한 감정을 억제하고 자제하면서 자신의 숨은 욕구와 갈망을 표현하고 있기 때문에 그 말의 표면적인 의미 이면에 더 깊고 큰 뜻이 숨어 있다는 사실을 알아야 합니다.

ECTURE

Tom Charles, time to travel.
Charles Yeah. Coming. Good.
So why didn't you get in touch, then?
Carrie I did think about it.
I wanted to, but I was in a state.
So, anyway, I don't want to keep you.
And I'll see you afterwards.
Charles Yeah. Fine. Wait. I'll show you to your seat.
Just showing her to her seat.
Our timing's been really bad, hasn't it?
Carrie It's been bad, yes.
Charles It's been a disaster.
Carrie It has, as you say, been very bad indeed.
Charles God, it's lovely to see you.

신랑인 챨스가 여자 손님하고 이야기만 하고 있으니까 톰이 챨스에게 Charles, time to travel. 이라고 합니다. 여기서 time to travel이란 결혼식 시작할 시간이 되었다고 하는 말이겠지요. 이제 식장으로 들어가자는 뜻으로 하는 말입니다. 이때 챨스가 알았다고 하면서 금방 가겠다고 하는 말로 coming이라는 단어를 씁니다. 우리말 방식대로 하면 going이라고 해야 할 것 같은데 이럴 때 영어로는 coming이라고 한다는 사실을 알아야 하는데 어떤 원칙에서 그렇게 하는지를 이해해야 합니다. 우리가 온다, 간다라는 말을 쓸 때는 '나'를 중심으로만 말하는 것입니다. '나'와 가까운 방향으로 접근하는 것은 '온다'고 하고 '나'와 먼 방향으로 멀어지는 것은 '간다'고 합니다. 하지만 영어에서는 '나'와 함께 '나'와 대화를 나누고 있는 '너'를 중심으로 '온다'와 '간다'를 구별합니다. 즉 대화 상대방에게 가까이 가는 것도 'come'이라고 표현하고 제3자에게 가는 것만 'go'라고 표현하는 것이지요. 이것을 문법적으로 표현하면 1인칭주어와 2인칭주어에 다가가는 것을 모두

come이라고 표현한다는 것입니다. 그래서 coming이라는 표현을 그래 금방 갈께 라는 표현으로 상대방에게 할 수 있고 매우 자주 쓰입니다.

챨스가 묻습니다. So why didn't you get in touch, then? 그런데 그 때 왜 내게 연락을 취하지 않았나요? 챨스는 지금 당신이 이혼 했을 때 바로 내게 이혼했다고 연락을 왜 하지 않았느냐고 묻고 있는 것이지요. 그 때라도 연락을 했으면 지금 내가 결혼식을 하고 있지는 않을 것 아니냐는 물음입니다. 여기서 우리의 관심을 끄는 표현은 get in touch 라는 표현인데요, 이 표현은 be in touch, keep in touch, come in touch, get in touch 등 동사를 바꿔가면서 다양하게 쓰일 수 있는데 모두 다 연락을 취하다, 전화를 하든지 편지를 주고 받다, 친하게 지내다 라는 뜻으로 쓰입니다. 헤어질 때 보통 연락 계속해 라는 뜻으로 Keep in touch! 라고 하면 됩니다. 당신과 계속 연락을 취하고 싶습니다 라고 말하고 싶으면 I want to keep in touch with you. 라고 하면 됩니다. 그러자 캐리가 자신이 갈등하고 고민했던 것을 털어놓는데요.

이렇게 말합니다. I did think about it. 거기에 대해 생각했었어요. 챨스에게 연락을 취할까 고민했었다는 이야기지요. I wanted to, but I was in a state. 연락을 취하고는 싶었지만 제 상태가 말이 아니어서요. 이때 state는 상태, 형편이라는 뜻의 단어인데 그냥 in a state라고 하면 너무 흥분하거나 긴장해서 바보처럼 행동할 수도 있는 상황에 있었다는 뜻으로 쓰이는 말입니다. 여러분도 시험을 치기 전에는 상당히 긴장해서 좀 상태가 이상하다고 말할 수도 있겠지요. 이럴 때 I am in a state as exams approach. 라고 하면 됩니다. 계속해서 캐리가 말하는데요, So, anyway, I don't want to keep you. 어쨌든 지금 당신이 굉장히 바쁠 텐데 당신을 붙잡고 나하고만 이야기하자고 하고 싶지는 않군요. 여기서 keep은 당신을 붙잡다, 이야기를 계속하다 정도의 뜻으로 이해하면 됩니다. 결혼식을 바로 앞 둔 신랑이 굉장히 바쁠 건 당연한 일인데 다른 여자랑 너무 오래 이야기하면 좀 이상하겠지요. 캐리가 계속해서 And I'll see you afterwards. 라고 하는데 이건 결혼식 뒤 피로연에서 보자는 말입니다. 참고로 결혼식 피로연은 영어로 wedding reception이라고 합니다.

찰스는 오래 만에 만나 뜻밖의 소식을 전해들은 캐리와 금방 헤어지기가 싫습니다. 그래서 이렇게 말하지요. I'll show you to your seat. 자리까지 안내해 드릴께요. 자리를 안내해 준다는 뜻으로 show to one's seat이라고 하면 됩니다. 자리를 안내해 준다는 말을 seat를 동사로 사용하여 이렇게 말할 수도 있습니다. The woman seated us in the front row. 그 여자가 우리를 앞줄 좌석으로 안내해 주었다. 이 때 seat 은 타동사로 누구를 자리에 앉히다 라는 뜻입니다. seat이라는 단어가 나왔으니까 몇 가지 더 설명하자면 seat가 타동사이기 때문에 앉아주세요 라는 말을 하려면 Be seated, please라고 수동태로 하면 됩니다. 혹은 Seat yourself라고 뒤에 재귀대명사를 목적어로 가져와서 말하기도 하지요. 자동사인 sit과의 차이점을 잘 알아두세요. 자리에 그대로 앉아계세요. 일어나지 마세요 라고 하려면 Keep your seat, 혹은 Hold your seat이라고 하면 됩니다.

옆에 있는 탐이 걱정스럽게 보고 있자 Just showing her to her seat. 그냥 자리만 안내해 주고 올꺼야 라고 말하지요. 그러면서 캐리에게 말합니다. Our timing's been really bad, hasn't it? 우리 타이밍은 정말로 안 좋았지요. 우리말로도 타이밍이라고 하는 것을 영어로도 timing이라고 합니다. 이 두 사람은 지금 자신들이 어떤 인연으로 맺어지지 못하는 것을 너무 안타까워 하고 있는 것이지요. 캐리가 It's been bad, yes. 라고 응수를 하자 찰스가 한 발 더 나아가 It's been a disaster. 라고 하는데 disaster는 재앙이라는 뜻이지요. 타이밍이 재앙 수준이었다는 것이지요. 이제 캐리가 이혼했으니 아무런 장애가 없는데 이번에는 찰스가 결혼식을 하고 있으니 이런 말을 할만하지요. 그래서 캐리가 한 번 더 찬동을 하고 있습니다. It has, as you say, been very bad indeed. 당신이 말한 대로 정말 타이밍이 안 좋았어요. 당신이 말한 대로 라고 하려면 as you say 이렇게 말하면 됩니다. 당신이 제안한 대로 라고 하려면 as you propose 라고 하면 됩니다. 찰스가 이 안타까운 마음을 마무리하려고 이렇게 말합니다. God, it's lovely to see you. 당신을 만나니 정말 좋군요. 우리 첫 수업에서 만나서 반갑다는 뜻으로 Nice to meet you를 배웠지요. 처음 만나는 사람에게는 대개 nice to meet you라고 하지만 아는 사람을 다시 만나서 반갑다고 할 때는 nice to see you 혹은 여기서처럼 it's lovely to see you. 라고 하시면 됩니다. 결국 찰스는 이 결혼식을 무효화시키고 캐리와의 결합에 성공합니다.

EXPRESSION TIPS

Lose touch

lose touch with 뒤에 사람이 나오면 누구와 연락을 끊다 라는 뜻이 됩니다. We finally lost touch with her. 우리는 결국 그녀와 연락이 끊겼다. Lose touch with 뒤에 사람이 아닌 다른 사항이 나오면 그것에 대한 최신의 정보나 이해 지식을 갖고 있지 않다는 뜻입니다.

I have lost touch with the latest music. 최근의 음악 경향이 어떤지 전혀 몰라.

WRAP UP

Useful expressions:

So why didn't you get in touch, then?
그런데 왜 저에게 연락하지 않으셨나요?

I was in a state.
제 상태가 좀 안 좋았어요.

I'll show you to your seat.
앉을 자리까지 안내해 드리지요.

Our timing's been really bad, hasn't it?
우리 타이밍은 정말 나빴지요, 그렇지요.

Keep your seat! Hold your seat!
자리에 그대로 앉아계세요. 일어나지 마세요.

I want to keep in touch with you.
당신과 계속 연락을 취하고 싶습니다.

Coming!
금방 갈께요.

ROLE PLAY

Charles **How's Hamish?**
해미쉬는 어떻게 지내나요?

Carrie **He's fine... I believe.**
괜찮아요. 그럴거라고 믿어요.

Charles **You believe?**
그렇다고 믿는다고요?

Carrie **Well, yes. He wasn't the man for me after all.**
아, 그래요. 결국 그 사람은 내게 맞는 남자가 아니었어요.

Charles **You left him?**
그 사람을 떠났나요?

Carrie **We left each other.**
우리 둘 다 서로에게서 떠났어요.

Charles **When?**
언제요?

Carrie **A few months now.**
이제 두세 달 되었어요.

March was hell. By April, it was sordid.
3월에는 지옥 같았고 4월에는 지저분해졌죠.

That's the last time I marry someone three times my age.
그게 내가 내 나이보다 세배 많은 사람과 결혼하는 마지막이 될 거예요.

CHECK UP

다음 우리 말 표현에 알맞게 영어 표현의 괄호를 채우시오.

1) 그런데 왜 저에게 연락하지 않으셨나요?
= So why didn't you get in (   ), then?

2) 제 상태가 좀 안 좋았어요.
= I was in a (   ).

3) 앉을 자리까지 안내해 드리지요.
= I'll (   ) you to your seat.

4) 자리에 그대로 앉아계세요. 일어나지 마세요.
= (   ) your seat.

5) 금방 갈께요.
= (   )!

A TIP IN THE **MOVIE**

제목이 Four Weddings and a Funeral인 것처럼 이 영화에는 네 번의 결혼식과 한 번의 장례식이 등장합니다. 그래서 이 영화를 통해 영국의 결혼식과 장례식 풍습을 잘 볼 수 있습니다. 영국을 비롯한 서양에서 이제 결혼식의 의미가 많이 쇠퇴한 요즘 과연 결혼식의 의미는 무엇이라고 정의할 수 있을지를 이 영화는 네 번의 결혼식을 통해 탐구하고 있습니다. 이 영화를 통해 사실상 휴 그랜트의 명성이 세계에 알려졌는데 여기서는 독신주의자이면서도 사랑을 위해 자신을 내던질 수 있는 순정파로 등장하고 있습니다. 이 영화에서는 특히 영국 출신 그룹 웻 웻 웻 (Wet Wet Wet)이 부른 "Love Is All Around"가 주제곡으로 나와서 전세계적인 히트곡이 되었고 나중에 Love Actually라는 영화에서도 편곡되어 이용되고 있습니다. 그 노래의 가사 일부는 다음과 같습니다. I feel it in my fingers 손끝에서 느껴요, I feel it in my toes 발끝에서 느껴요. Love is all around me 사랑은 내 주위 어디에나 있고 And so the feeling grows 그래서 그 느낌은 더 강해져요.

여기서 소개된 장면에서 볼 수 있는 것처럼 결혼식장 앞에서의 풍습이 우리의 결혼식장과 조금 다르다는 것을 알 수 있습니다. 우리는 보통 결혼식장 앞에서 신랑측 신부측으로 나뉘어 부조금을 받는 것이 통상적입니다. 하지만 서양의 결혼식에서는 절대 결혼식장 앞에서 부조금을 받지 않습니다. 단지 신부측, 신랑측 좌석만 구분하여 안내하고 있는 것을 여기 소개된 장면에서도 볼 수 있습니다. 서양에서는 결혼하기 전에 결혼 생활에 필요한 물품 리스트를 작성하여 친한 친지들에게 돌리고 그 친구들은 그 리스트에 있는 물품 중 자신이 사주고 싶은 물건을 신부나 신랑에게 알립니다. 그러면 신부와 신랑은 그 물건을 리스트에서 제외시키고 나머지 물품의 리스트를 다른 친구들에게 전달합니다. 이렇게 모인 선물을 한꺼번에 신부에게 전달해주는 자리를 a bride shower라고 하거나 a linen shower라고 합니다. 예전에는 신부를 위해 보통 린네르 제품을 많이 선물했기 때문입니다. 이와 비슷한 표현으로 출산을 기다리는 어머니에게 유아용품을 선물하는 자리는 a baby shower라고 합니다.

Chapter 10

데이트 상대 고르기

Picking Girls on Their Looks

INTRO

장면 소개

이번 주에는 데이트 상대를 고르는 기준에 대해서 친구에게 조언해 주고 조언 받는 장면을 공부하도록 하겠습니다. 결혼하기 전의 남녀에게 데이트 상대를 선택하고 데이트를 어떻게 하는지는 가장 큰 관심사 중의 하나일 것입니다. 그런데 대개 남성들의 선택 기준은 여성들의 외모에 집중되는 경향이 있지요. 그래서 이번 주에는 여성의 외모에만 집착하는 친구에게 그러지 말라고 조언하는 장면을 선택했습니다.

이번 주에 공부할 장면은 2001년에 제작된 영화 내겐 너무 가벼운 그녀 영어 원제로 Shallow Hal에 나오는 장면입니다. 할 라슨 (잭 블랙)은 여성을 볼 때 오로지 외모만 따지는 남자입니다. 옆집에 사는 미모의 여성에게 자꾸 작업을 걸지만 계속해서 거절당하는데 여기에 대해 친구들이 조언을 해줍니다. 이번 주에는 기네스 펠트로, 잭 블랙 주연의 Shallow Hal에서 한 장면을 골랐습니다.

오늘의 표현

- You deserved it.
- That's the key.
- to make matters worse
- Jill wasn't right for you.
- out of your league

THE SCENE

00:10:45–00:12:07

Artie Hal, I'm so sorry.
할 참 유감이야.

Hal Yeah, thanks.
그래, 고마워.

Artie You should have gotten it. You deserved it.
네가 그 자리에 가야 하는 건데. 너는 그럴 자격이 있는데.

Hal No, I didn't.
Obviously I didn't put them in a position where they had to promote me or lose me. It's a good lesson.
Make yourself indispensable, that's the key.
And to make matters worse, Jill dumped me last night.
(아티는 스넥바로 가고 젠이 커피를 가지고 식탁에 앉으며…)
아니야, 그럴 자격 없어. 분명히 나는 그들에게 나를 승진시키든지 아니면 사퇴하겠다고 압박하지는 않았으니까. 그것은 중요한 교훈이었어. 너 자신을 없으면 안 되는 인물로 만들어라. 그것이 핵심이야. 그리고 설상가상으로 질이 어젯밤 나를 버렸어.

Jen Dumped you? Don't you have to be going out to get dumped?
너를 버렸다고? 버림을 받기 위해 너는 데이트하러 나갈 필요도 없는거니?

Hal What does that mean?
그게 무슨 뜻인데?

Jen Well, I just thought it was more of a...
Anyway, why do you care so much? Jill wasn't right for you and you know it.
그냥 내 생각에는 그건 …
어쨌든 뭘 그렇게 상관하니? 질은 너에게 맞는 상대가 아니었고 너도 그걸 알잖아.

Hal How can you say that? She was perfect.
어떻게 네가 그렇게 말할 수 있어? 그녀는 완벽해.

Jen When are you gonna get it? They're just well-formed molecules. And by the way, her tits weren't even real.
(아티가 식탁으로 다시 와 같이 앉으면서…)
언제쯤 너는 깨달을 거니? 그것들은 그냥 잘 만들어진 분자세포일 뿐이야. 그리고 말이 난 김에 하는 말인데 그녀의 젖가슴도 진짜가 아니잖아.

Artie Hal, I don't understand how a guy who's as nice and loyal and generous as you could have such a huge flaw.
할, 어떻게 너처럼 친절하고 충실하고 너그러운 친구가 그렇게 큰 흉을 갖고 있는지 나는 이해할 수 없어.

Hal What are you talking about?
너 무슨 이야기를 하는거야?

Artie It never occurred to you that picking girls on their looks may not be the best way?
외모만 보고 여자를 고르는 것이 최상의 방법이 아니라는 그런 생각이 너에게는 전혀 떠오르지 않나 보구나?

Hal Am I supposed to apologize for having high standards?
높은 기준을 갖고 있어서 사과라도 해야 하나?

Jen High standards? In the five years I've known you, every woman I should say girl you've gone after has been completely out of your league.
높은 기준이라고? 네가 너를 알고 난 이후 5년 동안 네가 쫓아다녔던 모든 여자들은 완전히 네 상대가 아니었어.

Hal What's that supposed to mean?
그 말 무슨 뜻이야?

Artie She doesn't mean anything by it.
아무런 뜻 없어. 그냥 네가 그렇게 잘 생기지 않았다는거지.

She's just saying you're not that good-looking.

Hal Oh! I thought she was implying something really mean.
오! 나는 뭔가 정말로 나쁜 의미를 함축하고 있다고 생각했어.

Artie No.
아니야.

LECTURE

Artie Hal, I'm so sorry.

Hal Yeah, thanks.

Artie You should have gotten it. You deserved it.

Hal No, I didn't.
Obviously I didn't put them in a position where they had to promote me or lose me. It's a good lesson. Make yourself indispensable, that's the key. And to make matters worse, Jill dumped me last night.

Jen Dumped you? Don't you have to be going out to get dumped?

Hal What does that mean?

Jen Well, I just thought it was more of a... Anyway, why do you care so much? Jill wasn't right for you and you know it.

Hal How can you say that? She was perfect.

Jen When are you gonna get it? They're just well-formed molecules. And by the way, her tits weren't even real.

아티가 휴게실에 들어오는 할에게 말합니다. Hal, I'm so sorry. I'm sorry라고 할 때는 미안하다는 의미와 유감이다라는 의미 두 가지 뜻이 있습니다. 여기서는 아티가 할에게 미안해야 할 일이 없는데 I'm so sorry라고 말하는 것이니까 할에게 생긴 어떤 안 좋은 일에 대해 유감이라고 말하는 것이겠지요. 그러자 할이 고맙다고 인사합니다. 아티가 계속해서 무엇이 유감인지를 말하는데요, You should have gotten it. You deserved it. 이라고 합니다. You should have gotten it. 이라는 표현은 넌 그것을 얻었어야 했는데… 결국은 못 얻었구나 라는 표현입니다. 이처럼 영어에는 조동사 혹은 조동사의 과거형과 함께 have+ 과거분사 형이 쓰여서 과거 사실에 대한 감정 추측 판단을 나타냅니다. You should have come here. 라고 하면 너는 여기 왔어야 했는데. 즉 오지 않았다라는 뜻입니다. 이 문장에는 오지 않았다는 사실과 오지 않은 것에 대한 후회 두 가지 의미가 모두 포함되어 있는 것이지요. must를 써서 You must have seen it. 이라고 하면 너는 그것을 보았음에 틀림없다. 과거에 대한 확실한 추측을 나타냅니다. 그 뒤에 You deserved it. 이라는 표현이 나오는데요, 이 표현은 …을 받을 만하다. 그럴만한 가치가 있다라는 뜻입니다. 우리말로 더 실감나게 표현하면 그래 싸다 싸 라는 표현 그 표현과 딱 맞는 표현입니다. 아주 자주 쓰이고 유용한 표현입니다. 예를 들어 엄마한테 야단을 맞았습니다. 옆에 있던 아버지가 말합니다. Were you scolded by your mother? You deserved it. 너 엄마한테 야단 맞았니? 그래 야단 맞아도 싸다. 야단 맞을 짓 했다. 같은 뜻으로 쓰이는 표현은 Serve you right! 라고 하면 됩니다.

할이 대답합니다. No, I didn't. 나에게 그만한 자격이 없다는 이야기지요. 계속해서 말합니다. Obviously I didn't put them in a position where they had to promote me or lose me. promote라는 단어는 승진시키다 라는 뜻이지요. 그러니까 그들이 회사 경영진이겠지요, 나를 승진시키든지 아니면 나를 잃게 되든지 즉 자신이 사퇴한다는 의미지요. 그런 위치로 그들을 몰아넣지 않았다는 말입니다. 그러니까 자기는 승진하지 않더라도 계속 회사 다닐 생각이 있었다는 말이지요. 승진하지 못한데 대한 자기 위안일 수도 있겠네요. 여기서 아티가 하는 말이 무슨 뜻인지 이제 짐작이 가지요. 즉 할이 승진하지 못한 것을 위로하는 말이었습니다. Obviously는 분명히 라는 뜻입니다. It's a good lesson. 좋은 교훈이었다. 뭔가 어렵고 힘든 경험을 하고 난 뒤에 할 수 있는 말이지요. 보통은 뒤에 for me를 붙여서 It's a good lesson for me. 라고 하면 완벽합니다.

Make yourself indispensable, that's the key. 너 자신을 반드시 필요한 사람으로 만들어라. 그것이 핵심이다. 라는 뜻입니다. 여러분들이 어딜 가나 어디에 있든 여러분들이 없어서는 안되는 반드시 필요한 사람이 되는 것이 필요하겠지요. 그럴때 I am trying to make myself indispensable이라고 하면 됩니다. Indispensable의 스펠링도 주의하기 바랍니다. 전화가 있어야 일을 할 수 있는 직업이 있겠지요. 그럴때는 In my job, a telephone is indispensable. 이라고 하면 됩니다. 그 뒤에 that' s the key. 라는 표현이 나오는데 이것도 자주 쓰이는 유용한 표현입니다. Key란 원래 열쇠라는 뜻이지요. 열쇠는 자물쇠를 여는데 없으면 안 되는 중요한 구실을 하는 도구지요. 그래서 어떤 것의 문제를 풀어내는 핵심적인 것, 비결이라는 뜻이 됩니다. 그래서 That' s the key라고 하면 그게 가장 중요한 거야. 핵심이야 라는 뜻입니다. 뒤에 보통 to 전치사를 써서 어떤 것에 가장 중요하다라고 표현합니다. 예를 들어 That' s the key to success. 그게 성공을 위해 가장 중요한 일이야 라고 할 수 있습니다.

계속해서 할이 말합니다. And to make matters worse, Jill dumped me last night. To make matters worse는 우리말로 설상가상으로, 엎친데 덮친격으로 라는 뜻입니다. 예를 들어 밤에 운전하는 것을 싫어하는 사람들이 있지요. 이런 사람들은 비오는 날 밤 운전하는 것은 정말 엎친데 덮친격이겠지요. 이럴 때 이렇게 말합니다. I hated driving at nights and to make matters worse it was raining heavily. 비가 억수같이 쏟아지는 날 밤 운전을 하게 되었다는 것이지요. 계속해서 할이 어떤 안 좋은 일이 있었는지 말하지요. Jill dumped me last night. 질이 어젯밤 나를 버렸어. Dump란 무언가를 내려놓거나 내던지거나 쏟아내는 것을 말합니다. 그래서 우리가 dump car 혹은 dump truck이라고 부르는 차들이 한번에 뒤에 실은 짐이나 화물을 내려놓을 수 있도록 적재함이 기울어질 수 있도록 만든 차를 말합니다. 그리고 또 dump는 재고 물건을 빨리 팔아 없애기 위해 아주 헐 값으로 내다파는 것을 말하기도 합니다. 그리고 여기서처럼 연애를 하다가 한쪽이 다른 쪽을 걷어찰 때 쓰입니다. 이렇게 쓸 수 있겠지요. Did you hear he's dumped his girl friend? 그 놈이 자기 여자친구 걷어찼다는 이야기 들었니?

그러자 옆에 있던 젠이 말합니다. Dumped you? Don't you have to be going out to get dumped? 너를 버렸다고? 걷어차이는데 데이트할 필요도 없는거니? 무슨 말인지 이해가 잘 안가지요. 할은 질과 자신이 데이트를 하고 있다고 생각했지만 질은 그렇게 생각하고 있지도 않았고 두 사람은 한번 식사를 함께 했을 뿐이라는 것이지요. 그러니 할이 걷어차였다고 생각하는 것은 할의 망상이라는 것이지요. 여러분도 이런 경우 가끔 있지요. 어쨌든 여기서도 저번에 배웠던 going out이 데이트하다 라는 뜻으로 쓰이고 있다는 것을 기억하기 바랍니다.

할은 아직도 그 말을 이해하지 못합니다. 그래서 이렇게 말하지요. What does that mean? 그게 무슨 뜻이야? 젠이 현실이 어떤지 말해 줄려고 합니다. Well, I just thought it was more of a... 그건 내 생각엔 오히려… 그러다가 말해줘 봤자 소용도 없을 것 같고 괜히 기분만 나빠질 것 같아서 다시 말을 바꿉니다. Anyway, why do you care so much? 어쨌든 왜 그렇게 신경 쓰니? care라는 말이 신경쓰다, 걱정하다 라는 말로 많이 쓰입니다. I don't care. 라고 하면 나는 신경안써, 상관없어라는 뜻입니다. They don't care a shit. 이라고 하면 그들은 전혀 신경쓰지 않는다, 조금도 상관하지 않는다 라는 뜻입니다. 만약 He is a caring person. 이라고 하면 사람이 아주 애정이 많고 걱정도 많이 해주고 자상한 사람이란 뜻이 됩니다. 젠이 계속해서 말합니다.

Jill wasn't right for you and you know it. 질은 너에게 맞는 짝이 아니야 그리고 너도 그것을 알잖아. 이때 right for you, right for me 라는 말이 나에게 혹은 너에게 이상적으로 맞는 짝이다 라는 뜻이라는 것 아시지요. 만약 He is a right man for me. 라고 하면 그는 나의 이상형의 남자야 라는 뜻이 됩니다.

할이 대답하지요. How can you say that? She was perfect. 어떻게 그렇게 말할 수 있니? 그녀는 완벽해. 아직도 할은 현실을 파악하지 못하고 있는 것이지요. 그래서 젠이 말합니다. When are you gonna get it? 넌 언제나 정신 들래? 이럴 때 get it은 이해하다 깨닫다의 뜻입니다. 어떤 농담을 할 때 잘 못 알아 듣는 사람들이 있지요. 그럴 때 이렇게 말하면 됩니다. I tried to tell him your joke and he didn' t get it. 네가 했던 농담을 그에게 해주었는데 이해 못하더라.

젠이 계속해서 말합니다. They're just well-formed molecules. And by the way, her tits weren't even real.그것들은 잘 만들어진 미립자 혹은 분자일 뿐이야. 그리고 말이 나와서 하는 말인데 그녀의 젖가슴도 진짜가 아니야. 여기서 They는 그녀의 아름다운 얼굴과 몸매 등 외모를 말하는 것이겠지요. 그 외모가 단지 잘 만들어진 분자구조일 뿐이다. 그런데 게다가 젖가슴은 성형수술 해서 만든 것이다라는 의미입니다. 여기서 by the way는 저번에 나왔던 incidentally와 비슷한 뜻입니다. 지난번에 배웠던 것 기억나지요.

LECTURE

Artie Hal, I don't understand how a guy who's as nice and loyal and generous as you could have such a huge flaw.

Hal What are you talking about?

Artie It never occurred to you that picking girls on their looks may not be the best way?

Hal Am I supposed to apologize for having high standards?

Jen High standards? In the five years I've known you, every woman I should say girl you've gone after has been completely out of your league.

Hal What's that supposed to mean?

Artie She doesn't mean anything by it. She's just saying you're not that good-looking.

Hal Oh! I thought she was implying something really mean.

Artie No.

아티가 말하지요. Hal, I don't understand how a guy who's as nice and loyal and generous as you could have such a huge flaw. Nice and loyal and generous 아티에 대해 아주 긍정적인 찬사를 퍼붓고 있지요. 친절하고 충실하고 너그러운 너 같은 놈이 그런 큰 흠이 있다니 이해할 수 없다 라고 합니다. A huge flaw라고 하는데요, flaw란 영어로 fault 혹은 weakness라고 할 수 있지요. 사실상 누구나 성격상의 흠이 있을 수 있는데요, 비극의 영웅은 항상 성격적인 흠이 있다고 하지요, 그것을 영어로 There is always a flaw in the character of a tragic hero. 라고 하면 됩니다. 성격적 결함을 character flaw라고 하는데요 너무 수줍음을 많이 타고 말을 잘 하지 못하는 친구에게 너의 그런 성격은 성격적 결함이 아니라고 말해줄 수 있겠지요. 그럴 때 Your shyness is not a character flaw. 라고 말해주면 됩니다. 할이 아직도 무슨 말인지 이해를 못합니다. What are you talking about? 이 말은 정말 무슨 말인지 이해를 못할 때나, 아니면 상대가 말도 안 되는 소리를 할 때도 쓸 수 있는 말입니다. 아티가 다시 한 번 구체적으로 설명을 해주지요. It never occurred to you that picking girls on their looks may not be the best way? 얼굴만 보고 여자를 고르는 것이 최선의 방법이 아니라는 생각 떠오른 적 한번도 없니? It never occurred to you that … 이라고 하면 어떤 생각이 전혀 떠오르지 않다라는 뜻인데 자주 쓰이는 표현이겠지요. 비슷한 뜻으로 쓰이는 표현 중에 It never crossed my mind that … 이라는 것도 있고, 또 It never struck you that …이라는 표현도 있습니다. 할이 아직도 문제의 핵심을 이해하지 못하고 자기 관점에서만 생각합니다. Am I supposed to apologize for having high standards? 높은 기준을 가졌다고 사과라도 해야 한단 말입니까? Be supposed to 라는 표현은 자신의 의지와 상관없이 어떤 일을 해야만 할 때 쓰는 표현입니다. 예를 들어 Am I supposed to be in the classroom by now? 지금쯤 교실에 있어야 하는가요? 시험치는 시간에 교실을 못 찾고 이런 질문 하는 학생 있으면 정말 얼빵한 학생이겠지요. 높은 기준이라는 말을 하니까 다시 한번 젠이 열받습니다. High standards? In the five years I've known you, every woman I should say girl you've gone after has been completely out of your league. 높은 기준이라고? 너를 알아온 5년 동안 네가 쫓아다녔던 여자들 처음에 woman이라고 했다가 girl이라고 불러야 할 것 같아서 단어를 바꾸지요. 그 다음에 completely out of your league라는 표현이 나오는데 여기서의 의미는 그 여자들이 완전히 너랑 어울리지 않아, 네게는 벅찬 여자야, 네 능력 밖이야 입니다. A house like that is out of our league. 라고 하면 저런 집은 우리가 사기에 너무 비싼 집이야 정도의 뜻입니다. 또 You're out of your league 라고 하면 넌 네 능력 밖의 일을 하고 있어, 너에게 벅찬 일이야 라는 뜻입니다.

할은 자기 관점에서 젠의 말을 도저히 이해하지 못하지요. 그래서 묻습니다. What's that supposed to mean? 저 말이 무엇을 뜻하려는 거지? 아티가 옆에서 거들어줍니다. She doesn't mean anything by it. 아무런 뜻도 없어. She's just saying you're not that good-looking. 그냥 네가 그만큼 잘 생기지 않았다는 뜻이야. 그제야 할이 무슨 뜻인지 알았다는 듯이 대답합니다. Oh! I thought she was implying something really mean. 난 그녀가 무언가 정말로 나쁜 의미를 함축했다고 생각했어. 여기서 mean은 형용사로 앞에 나온 something을 꾸며주는 역할을 하는데 비열한, 야비한 정도의 뜻입니다. imply라는 단어는 어떤 말을 하면서 그 안에 숨은 뜻을 담아 말할 때 쓰는 단어지요. 우리말로 암시하다 정도의 뜻이겠지요. 아티가 No 라고 대답하면서 이 장면이 끝납니다.

EXPRESSION TIPS

In league

out of league의 반대말처럼 보이는 in league는 누군가와 특별한 목적을 가지고 비밀스럽게 함께 일하고 있다는 뜻입니다. 은근히 부정적인 의미를 내포하고 있습니다. They found out that he was really in league with the police. 그 사람이 실제로 경찰을 위해 일하고 있다는 것을 그들은 알아냈다. They are in league, you know. 그들은 같은 패야, 알겠지.

WRAP UP

Useful expressions:

You deserved it. 너는 그럴 자격이 있는데. 싸다 싸.

You should have come here. 너는 여기 왔어야 했는데, 오지 않았다.

To make matters worse 설상가상으로, 엎친데 덮친격으로

That's the key. 그게 가장 중요한 거야. 핵심이야.

He is a caring person.
그는 애정이 많고 걱정도 많이 해주고 자상한 사람이다.

A house like that is out of our league.
저런 집은 우리가 사기에 너무 비싼 집이야.

It never occurred to you that …
어떤 생각이 전혀 떠오르지 않다.

ROLE PLAY

Hal **No, I didn't.**
Obviously I didn't put them in a position where they had to promote me or lose me. It's a good lesson. Make yourself indispensable, that's the key. And to make matters worse, Jill dumped me last night.
아니야, 그럴 자격 없어. 분명히 나는 그들에게 나를 승진시키든지 아니면 사퇴하겠다고 압박하지는 않았으니까. 그것은 중요한 교훈이었어. 너 자신을 없으면 안 되는 인물로 만들어라. 그것이 핵심이야. 그리고 설상가상으로 질이 어젯밤 나를 버렸어.

Jen **Dumped you? Don't you have to be going out to get dumped?**
너를 버렸다고? 버림을 받기 위해 너는 데이트하러 나갈 필요도 없는거니?

Hal **What does that mean?**
그게 무슨 뜻인데?

Jen **Well, I just thought it was more of a...**
Anyway, why do you care so much?
Jill wasn't right for you and you know it.
그냥 내 생각에는 그건 … 어쨌든 뭘 그렇게 상관하니?
질은 너에게 맞는 상대가 아니었고 너도 그걸 알잖아.

Hal **How can you say that? She was perfect.**
어떻게 네가 그렇게 말할 수 있어? 그녀는 완벽해.

Jen **When are you gonna get it? They're just well-formed molecules. And by the way, her tits weren't even real.**
언제쯤 너는 깨달을 거니? 그것들은 그냥 잘 만들어진 분자세포일 뿐이야.
그리고 말이 난 김에 하는 말인데 그녀의 젖가슴도 진짜가 아니잖아.

Hal **What are you talking about?**
너 무슨 이야기를 하는거야?

Am I supposed to apologize for having high standards?
높은 기준을 갖고 있어서 사과라도 해야 하나?

Jen **High standards?**
In the five years I've known you, every woman I should say girl you've gone after has been completely out of your league.
높은 기준이라고?
네가 너를 알고 난 이후 5년 동안 네가 쫓아다녔던 모든 여자들은 완전히 네 상대가 아니었어.

CHECK UP

다음 우리 말 표현에 알맞게 영어 표현의 괄호를 채우시오.

1) 너는 그럴 자격이 있는데. 싸다 싸. = You (   ) it.

2) 설상가상으로, 엎친데 덮친격으로
= To make matters (   )

3) 저런 집은 우리가 사기에 너무 비싼 집이야.
= A house like that is out of our (   ).

4) 너는 여기 왔어야 했는데, 오지 않았다.
= You (   ) have come here.

5) 어떤 생각이 선혀 떠오르지 않다. = It never occurred to you that …

A TIP IN THE MOVIE

원제가 Shallow Hal이라고 되어있는 이 영화는 우리나라에 들어올 때 내겐 너무 가벼운 그녀라는 제목으로 들어왔습니다. 여기서 shallow란 천박한, 속이 깊지 못한 정도의 뜻이라고 이해하면 됩니다. 즉 외모만 보고 여자를 고르는 Hal을 가리켜 부르는 말입니다. 하지만 요즘 대부분의 남자들은 여성들을 바라볼 때 먼저 외모를 따지는 경향이 있습니다. 예부터 유명한 속담이 있긴 하지요. Beauty is but skin-deep. 미모도 거죽 한 꺼풀일 뿐이다. 외모의 아름다움은 금새 변할 수 있다는 것이지요. 또 비슷한 속담으로 Beauty is but a blossom 이라는 표현도 있습니다. 아름다움은 꽃에 지나지 않는다. 즉 아름다움은 금방 쇠락한다. 또 이런 속담도 있습니다. Beauty without virtue is a rose without fragrance. 덕이 없는 아름다움은 향기가 없는 장미 꽃과 같다. 이런 속담이 많이 있지만 여전히 외모가 중요한 것은 무시할 수가 없습니다. 하지만 여자를 고르는데 너무 외모만 따지다 보면 정말 낭패를 당할 수도 있다는 것 잊지 말기 바랍니다. 최근에 우리나라에도 미녀는 괴로워라는 영화에서 김아중이 뚱뚱한 여성 역할을 위해 4시간 이상 분장을 하고 영화 출연을 했다는데 이 영화에서도 기네스 펠트로우가 영화 중간중간과 마지막에 등장하는 뚱뚱한 여성의 역할을 위해 4시간 이상 분장을 했다는 것으로도 유명합니다. 결국 Hal은 여성의 내면의 아름다움을 보게 되어 뚱뚱하지만 마음이 아름다운 로즈매리와 결국 맺어지게 된다는 것이 이 영화의 줄거리입니다. 외모의 아름다움이 먼저냐, 내면의 아름다움이 먼저냐, 둘 다 갖추고 있다면 고민할 필요 없지만 둘 중의 하나만 갖추고 있는 평범한 여성들을 마주하고 있는 남성들에게는 풀 수 없는 고민이 아닐 수 없겠지요.

Chapter 11

대학에 진학하기

Going on to University

INTRO

장면 소개

이번 주에 배울 장면은 자신의 진로에 대해서 이야기하고 상대방의 진로와 장래 문제를 듣는 장면입니다. 여러분들이 외국에 유학을 가거나 어학 연수를 갈 때 이런 종류의 대화를 나눌 기회가 많을텐데요, 이럴 때 사용할 수 있는 어휘와 문장들을 오늘 배우게 됩니다. 대학에 진학할 때는 대개 어느 대학에 가느냐, 어떤 전공을 선택했는가, 대학이 위치한 도시, 지원할 때 무엇이 필요한가 하는 점들이 중요한 문제가 될 것입니다. 이 모든 것들을 위한 표현을 이번 주에 배우게 됩니다.

이번 주에 배울 장면은 1999년에 개봉된 아메리칸 파이 (American Pie)에 나오는 장면 중의 하나입니다. 네 명의 망나니 고등학교 졸업반 남자 아이들이 겪는 성적 경험을 다루고 있는 이 영화에서 그래도 가장 진지하게 여자를 만나고 성숙한 관계에 이르는 커플은 오지와 헤더입니다. 이 두 사람이 서로 만나서 자신들의 장래 문제에 대해 진지하게 논의합니다. 이 두 사람의 대화를 통해 장래와 진로 문제를 이야기할 때 사용하는 중요한 표현들을 이번 주에 공부하도록 하겠습니다.

오늘의 표현

- I'm glad you came by.
- how am I supposed to know
- So what are you gonna major in?
- I could probably walk-on to the football team.
- You've probably got it pretty figured out.
- I really have no idea.

THE SCENE

00:51:38–00:53:10

Heather Hi.
안녕

Ozzie How'd you know I was here?
내가 여기 있다는 것 어떻게 알았어?

Heather Stifler told me.
스티플러가 내게 말해줬어.

Ozzie Talked to Stifler?
스티플러에게 말했다고?

Heather Well, I needed to find you.
We're gonna have to work on that song.
너를 찾아낼 필요가 있었으니까. 그 노래 때문에 함께 연습해야 할 테니까.

Ozzie Okay. I'm glad you came by.
좋아. 네가 들러줘서 기뻐.

Heather So you work nights?
그래 너 야간근무하니?

Ozzie My dad's the manager.
우리 아빠가 이 가게 경영하셔.

Heather Really? Cool. (오지가 샌드위치를 만들며…)
정말로? 멋진데.

Ozzie So you're going to Michigan next year?
그래 너는 내년에 미시간으로 가니?

Heather Yeah. My parents want me to go to Northwestern, but... I don't wanna write all those extra essays they make you do. I mean, how am I supposed to know... what my "most emotionally significant moment" was? So when my "U" of "M" acceptance came in December, I just said the hell with it.
응, 우리 부모님들은 내가 노스웨스턴 대학을 가기를 원했는데… 거기서 쓰라고 하는 모든 추가 에세이들을 쓰고 싶지 않았어. 내 말은 나의 "감정적으로 가장 중요한" 순간이 무엇인지 내가 어떻게 알겠어? 그래서 내 미시간 대학 입학 승인 편지가 왔을 때 나는 그까짓 노스웨스턴 대학 다 치워버리라고 말했지.

Ozzie Onions?
양파 넣을래?

Heather What?
뭐라고?

Ozzie You, uh, want onions?
양파 넣기를 바래?

Heather Oh, no, thank you.
So what are you gonna major in?
아니야, 괜찮아. 그래 너는 뭘 전공할 거니?

Ozzie State's got a good business school... and I could probably walk-on to the football team.
주립대학은 좋은 경영대학이 있어…
그리고 나는 미식 축구 팀에서 보조역할을 할 수도 있고.

Heather Well, you've probably got it pretty figured out, then, huh?
글쎄, 너는 진학문제를 상당히 해결했구나, 그렇지?

Ozzie I mean, business is okay, and football is awesome, but... what am I gonna be, a professional football player? I really have no idea.
내 말은 경영학은 괜찮고, 미식 축구 팀도 신나는 일이야, 하지만 내가 앞으로 뭘 할 것인가, 프로 미식 축구 선수가 될 것인가? 난 정말 전혀 모르겠어.

Heather Thank God. I thought I was the only one.
오 맙소사. 나는 나만 그런지 알았어.

Ozzie Well, you're not.
글쎄, 너만 그런 것은 아니지.

Heather So we're gonna be close next year.
그럼 우린 내년에 가까이 지내겠네.

Ozzie You mean East Lansing and Ann Arbor?
이스트 랜싱 하고 앤 아보 말하는 거니?

Heather Yeah.
그래.

LECTURE

Heather	Hi.
Ozzie	How'd you know I was here?
Heather	Stifler told me.
Ozzie	Talked to Stifler?
Heather	Well, I needed to find you. We're gonna have to work on that song.
Ozzie	Okay. I'm glad you came by.
Heather	So you work nights?
Ozzie	My dad's the manager.
Heather	Really? Cool.
Ozzie	So you're going to Michigan next year?
Heather	Yeah. My parents want me to go to Northwestern, but... I don't wanna write all those extra essays they make you do. I mean, how am I supposed to know... what my "most emotionally significant moment" was? So when my "U" of "M" acceptance came in December, I just said the hell with it.

오지가 샌드위치 가게에서 일하고 있는데 여기에 헤더가 찾아왔습니다. 헤더가 Hi라고 인사하지요. 오지가 놀라서 말합니다. How'd you know I was here? 내가 여기 있다는 것 어떻게 알았어? 루이스 캐롤의 Alice in Wonderland에서 Alice가 Cheshire Cat에게 묻지요. How do you know I'm mad? 내가 미쳤는지 너는 어떻게 알았니? 그러자 Cheshire Cat이 대답하지요. You must be, or you wouldn't have come here. 너는 미쳤을리 틀림없어. 그렇지 않으면 여기 올리가 없지. How do you know I'm mad? 는 이런 뜻으로 쓰이고 만약 Do you know how I became mad?라고 하면 내가 어떻게 미쳤는지 너는 아니? 라는 뜻이 되지요. 두 문장의 how의 쓰임이 달라지는 것이지요.

위의 how는 의문사고 밑의 how는 명사절을 이끄는 접속사의 역할을 하는 것이지요. 말을 하는데도 어느 정도의 문법 지식을 갖추어야 할 필요가 있습니다.

헤더가 Stifler told me. 스티플러가 나에게 말해줬어 라고 하지요. 스티플러는 원래 오지와 같이 어울리는 친구이긴 한데 좀 질이 안 좋은 애지요. 그래서 오지가 놀라서 묻지요. Talked to Stifler? 스티플러에게 말했어? 이 앞에는 You가 빠져 있는 것이지요. 영어로도 이처럼 분명한 경우 말할 때 주어를 빼는 경우가 있습니다. 하지만 글을 쓸 때는 반드시 주어를 넣어야 합니다. 헤더가 대답합니다. Well, I needed to find you. We're gonna have to work on that song. 너를 찾아야 할 필요가 있었어. 그 노래에 대해 연습을 해야 하니까. 지금 둘이 같은 학교 합창단에 있어서 노래 연습을 해야 한다는 이야기지요.

오지가 말합니다. Okay. I'm glad you came by. 네가 들러줘서 기뻐. 여기서처럼 come by란 말은 지나다 잠깐 들르다, 찾아오다 라는 뜻으로 쓰입니다. 예를 들어 We will come by and pick you up at three o'clock. 라고 하면 3시에 잠깐 들러서 차를 태워 주겠다라는 뜻이지요. 헤더가 묻습니다. So you work nights? 야간근무를 하고 있느냐고 묻는 것이지요. 그러자 오지가 My dad's the manager. 라고 대답합니다. 우리 아빠가 여기를 경영하고 있다고 하지요.

그러자 헤더가 Really? Cool. 이라고 대답하는데요, 여기서 Cool이라는 표현에 대해 좀 공부할 필요가 있겠지요. 여기서 Cool이라는 말은 우리도 그렇게 사용하는데 영어의 구어체 표현으로 무엇이 정말 그럴싸하다, 멋있다, 좋다는 뜻으로 쓰입니다. 누군가가 아주 멋진 가방을 들고 왔을 때 Hey, that's really cool. Can I look? 그 가방 정말 멋지구나. 좀 봐도 될까? 이렇게 말 할 수 있겠지요. 이럴 때의 cool의 뜻은 great, fantastic, terrific, awesome의 뜻과 비슷한 것입니다. 머리카락를 새로 이발하고 온 친구가 꽤 멋있어 보일 때도 이렇게 말할 수 있겠지요. You look pretty cool with that new haircut. 좋은 영화를 보고 나서도 It's a cool movie. 라고 할 수 있겠지요. 남녀가 사귀다가 헤어질 때 우리말로 쿨하게 헤어지자라고 말하는데요, 이때 쿨의 뜻은 흥분하지 않고 그냥 아무 일도 없었던 것처럼 안정된 마음으로 라는 뜻으로 영어로도 사용되는 표현입니다.

그 다음에 오지가 이 두 사람에게 요즘 가장 큰 관심거리라고 할 수 있는 진학 문제에 대해 묻습니다. So you're going to Michigan next year? 너는 내년에 미시간 대학으로 가니? 여기서 미시간은 지역 명칭이 아니라 미시간 대학을 즉 University of Michigan을 말한다는 것을 이 두 사람이 나누는 다음 대화를 보면 금방 알 수 있습니다. 이 질문을 듣자 헤더가 금방 긴 대답을 늘어놓습니다. Yeah. My parents want me to go to Northwestern, but... I don't wanna write all those extra essays they make you do. 그래. 우리 부모님은 내가 노스웨스턴 대학에 가기를 원한다고 하지요. 진학 문제에서 부모님의 입김을 무시할 수는 없겠지요. 하지만 그들이 쓰라고 하는 모든 추가적인 에세이를 쓰고 싶지 않았어. 이게 무슨 말이냐면 우리나라도 대학 입학할 때 어떤 대학은 논술 시험도 보고 그러지요. 노스웨스턴은 에세이를 많이 요구했나 봅니다.

헤더가 계속해서 말하지요. I mean, how am I supposed to know... what my "most emotionally significant moment" was? I mean, 하고 시작하지요. 이렇게 시작하면 내 말이 무슨 말이냐면… 하는 정도의 자기 말을 부연 설명하는 말투입니다. how am I supposed to know 내가

어떻게 알겠어. Be supposed to는 저번에 한 번 설명한 바 있지요. What my "most emotionally significant moment" was? 나의 감정적으로 가장 중요한 순간이 무엇인지? 여기서 감정적으로 가장 중요한 순간이 에세이 제목인가 보지요. So when my "U" of "M" acceptance came in December, I just said the hell with it. "U" of "M"은 University of Michigan을 줄여서 하는 말이지요. 여기서 acceptance 는 입학허가서겠지요. 미시간 대학 입학허가서가 12월에 왔을 때 노스웨스턴은 그냥 신경 끄시라고 말했어 정도의 의미입니다. 여기서 자주 쓰이는 표현으로 hell with it이라는 표현이 나오는데요. 여기서 it은 노스웨스턴 대학을 가리키는 대명사지요. 이처럼 hell with 뒤에 목적이가 나와서 그것에 화가 나거나 기분이 나빠져서 더 이상 관심도 안 갖고 신경도 쓰지 않고 어떤 관계도 더 이상 맺지 않겠다는 뜻입니다. 남자친구에게 정말 화가 나서 헤어지려고 할 때 이렇게 말할 수 있겠지요. To hell with him. I'm leaving. 그 사람과 이제 끝장이야. 나는 떠날거야. 대학에 들어가고 싶은데 돈은 없고 장학금은 받고 싶은데 장학금 받기는 어렵고 힘들게 노력했지만 아무 것도 제대로 된 것이 없다면 모두 포기해버리고 싶을 때가 있겠지요. 이럴 때 간단하게 To hell with university and scholarship! 이렇게 간단히 말하면 됩니다.

LECTURE

Ozzie Onions?

Heather What?

Ozzie You, uh, want onions?

Heather Oh, no, thank you.
So what are you gonna major in?

Ozzie State's got a good business school... and I could probably walk-on to the football team.

Heather Well, you've probably got it pretty figured out, then, huh?

Ozzie I mean, business is okay, and football is awesome, but... what am I gonna be, a professional football player? I really have no idea.

Heather Thank God. I thought I was the only one.

Ozzie Well, you're not.

Heather So we're gonna be close next year.

Ozzie You mean East Lansing and Ann Arbor?

Heather Yeah.

오지가 갑자기 Onions? 라고 묻지요. 지금 헤더를 위해 샌드위치를 만들고 있는데 샌드위치 안에 양파를 넣겠느냐고 묻는 것이지요. 헤더는 무슨 말인지 이해를 못해서 What? 하고 되묻습니다. 뭐라고 라는 뜻인데 비슷한 경우에 쓰는 여러 표현 배운 것 기억나지요. Sorry? 혹은 I beg your pardon?등이 있습니다. 그래서 오지가 구체적인 질문을 덧붙입니다. You, uh, want onions? 그러자 헤더가 대답하지요. Oh, no, thank you. 아니, 괜찮아. 누군가 무엇을 주겠다고 하거나 제안을 할 경우 사양을 할 때 쓰는 표현이 No, thank you 입니다. 헤더는 현재 자신의 관심사인 대학 진학 문제에 대해서 계속 말합니다. So what are you gonna major in? major in은 무엇을 전공하다의 뜻입니다. 대학을 다니고 있고 또 대학을 졸업하게 될 여러분들이 많이 받을 질문이나 해야 할 대답에는 이 표현이 들어가는 문장이 많을 것입니다. 너 대학 다닐 때 뭐 전공했니? 라고 물을려면 What did you major in in your university? 라고 하면 됩니다. 이 때 in 이 두 번 반복되지만 절대 틀린 것이 아닙니다. 앞에 in은 뒤에 목적어로 what을 가져오는 선지사이고 뒤에 in은 in your university라는 부사구를 만드는 전치사이지요. 이 문장에서는 두 개의 in이 모두 필요합니다. 비슷한 뜻으로 specialize in이라는 표현도 있는데 이 표현은 대학원 정도까지 가서 쓰면 더 적당합니다. 오지가 대답하지요. State's got a good business school...and I could probably walk-on to the football team. 여기서 State 란 Michigan State University를 말하는 것입니다. 나중에 둘이 말하지만 미시간 주립대학은 이스트 랜싱이라는 도시에 있고 미시간 대학은 앤 아보에 있습니다. 미시간 주립대학의 경영대학이 좋다는 이야기지요. 그리고 오지는 스포츠 선수이기도 합니다. 그래서 축구 팀에서 walk-on 즉 단역, 보조역을 할 수 있을 것이라고 말합니다. 이렇게 구체적인 미래에 대한 복안을 이야기하자 헤더가 놀라지요. Well, you've probably got it pretty figured out, then, huh? 여기서 figure out이라는 표현이 나오는데 무엇을 계산해내다, 이해하기 위해 생각을 열심히 하다 혹은 해결하다의 뜻입니다. 그러니까 헤더의 말은 너는 너의 진로문제를 모두 해결했구나, 모든 계획이 다 서 있구나 정도의 뜻입니다. I can't figure him out. 이라고 하면 나는 그를 도저히 알 수 없다, 그의 속마음이 무엇인지 알 수 없다의 뜻입니다. He had not yet figured out what he was going to do. 이라고 하면 그는 앞으로 그가 무엇을 할지 생각해내지 못했다의 뜻입니다. 비슷한 뜻으로 work out을 사용합니다.

하지만 오지가 모든 진로와 장래문제를 해결 했을리는 없겠지요. 그래서 오지가 말합니다. I mean, business is okay, and football is awesome, but... what am I gonna be, a professional football player?

I really have no idea. 경영학도 좋고 축구선수도 멋있는 일이다. 하지만 내가 무엇이 될 것인지 프로 축구 선수가 될 것인가? 정말 아무 것도 모르겠다고 합니다. 여러분도 이런 상황에 처한 경우가 많겠지요. 졸업해서 무엇이 될까 여러 가능성 중에서 하나를 선택하기도 어렵고 하나 밖에 없어 보이는 길도 과연 그 길로 가는 것이 옳은 선택인지 확신이 서지 않는 때가 있습니다. 이럴 때 I really have no idea. 정말 아무 생각이 안 떠오른다. 머리통이 텅 빈 것 같다라고 말할 수 있겠지요. 이 표현은 저번 시간에 한 번 배웠던 I have no clue. 혹은 I don't have any clue. 와 같은 뜻의 표현입니다. 그러자 헤더가 Thank God. I thought I was the only one이라고 하지요. 나만 유일하게 고민하고 장래에 대해 어떻게 결정할 지 모르는 유일한 사람인 줄 알았다고 합니다. 그러자 오지가 Well, you're not. 너만 그런 것 아니라고 대답해주지요. 헤더가 So we're gonna be close next year. 내년에는 우리가 가까운 데서 지내겠다 라고 말하지요. 대학 진학 후를 말하는 것입니다. 그러자 오지가 You mean East Lansing and Ann Arbor? 라고 묻지요. 즉 주립대학이 있는 이스트 랜싱과 미시간 대학이 있는 앤 아보가 가깝다는 뜻이지요. 헤더가 Yeah라고 하면서 이 장면이 끝납니다. 이번 주 수업 여기서 마치겠습니다.

EXPRESSION TIPS

Go figure

미국이나 캐나다에서 사용하는 구어체 표현입니다. 어떤 일에 대해 전혀 이해할 수 없을 때에 쓰이기도 하고 또는 어떤 상황이 너무나 분명해서 그것을 설명할 필요가 없다고 느낄 때도 쓰입니다. 원래 go and figure it out라고 해야 할 말을 그냥 줄여서 Go figure라고 쓰는 것입니다. 원래 뜻을 그대로 번역하자면 네가 가서 알아봐 정도의 뜻입니다. 나는 모르겠다의 뜻이 함축되어 있는 것이지요. 말도 안돼, 낸들 알겠어, 참 희한하군 등의 뜻으로 해석될 수 있습니다. 상황에 따라 너무 뻔한 일을 이야기 할 때도 역설적으로 이 표현을 사용할 수 있습니다. I just found out that my dad used to play in this rock band when he was in college. Go figure! 아버지가 대학 다닐 때 이 락 밴드에서 연주를 했었대. 세상에 맙소사!

WRAP UP

Useful expressions:

I'm glad you came by.
네가 들러줘서 기뻐.

What are you gonna major in?
그래 너는 뭘 전공할 거니?

I really have no idea.
아무 것도 모르겠어.

To hell with him. I' m leaving.
그 사람과 이제 끝장이야. 나는 떠날거야.

He had not yet figured out what he was going to do.
그는 앞으로 그가 무엇을 할지 생각해내지 못했다.

You look pretty cool with that new haircut.
새로 이발해서 멋있어 보이는구나.

ROLE PLAY

Ozzie **Onions?**
양파 넣을래?

Heather **What?**
뭐라고?

Ozzie **You, uh, want onions?**
양파 넣기를 바래?

Heather **Oh, no, thank you.**
So what are you gonna major in?
아니야, 괜찮아. 그래 너는 뭘 전공할 거니?

Ozzie **State's got a good business school...**
and I could probably walk-on to the football team.
주립대학은 좋은 경영대학이 있어… 그리고 나는 미식 축구 팀에서 보조역할을 할 수도 있고.

Heather **Well, you've probably got it pretty figured out, then, huh?**
글쎄, 너는 진학문제를 상당히 해결했구나, 그렇지?

Ozzie **I mean, business is okay, and football is awesome, but... what am I gonna be, a professional football player?**
I really have no idea.
내 말은 경영학은 괜찮고, 미식 축구 팀도 신나는 일이야, 하지만 내가 앞으로 뭘 할 것인가, 프로 미식 축구 선수가 될 것인가? 난 정말 전혀 모르겠어.

Heather **Thank God. I thought I was the only one.**
오 맙소사. 나는 나만 그런지 알았어.

CHECK UP

다음 우리 말 표현에 알맞게 영어 표현의 괄호를 채우시오.

1) 네가 들러줘서 기뻐.

= I'm glad you came (　　　　　).

2) 그래 너는 뭘 전공할 거니?

= What are you gonna (　　　　　) in?

3) 아무 것도 모르겠어.

= I really have no (　　　　　).

4) 그 사람과 이제 끝장이야. 나는 떠날거야.

= To (　　　　　) with him. I' m leaving.

5) 그는 앞으로 그가 무엇을 할지 생각해내지 못했다.

= He had not yet figured (　　　　　) what he was going to do.

A TIP IN THE MOVIE

American Pie는 1999년에 개봉된 폴 웨이츠가 감독한 섹스 코미디 영화입니다. 고등학교 졸업을 앞 둔 남학생 4명이 총각딱지를 떼자는 다짐을 하는데 그 임무를 각자의 독특한 방법으로 완수하는 것을 보여주고 있습니다. 총각딱지라는 말은 영어로 virgin이라고도 하고 virginity라고도 합니다. 처녀도 virgin이라고 하지만 총각도 virgin이라고 합니다. 총각딱지를 뗀다는 말은 lose one's virginity라고 하면 됩니다. 미국에서는 결혼 전에 신랑의 총각 딱지를 떼 주는 총각파티가 열리는 경우도 있는데 이것은 영어로 Bachelor Party라고 합니다. 총각 딱지를 떼기 전에 대개 남학생들은 자위를 경험하게 되는데 이 영화의 제목 American Pie도 영화 속에 등장하는 4명의 남학생 중 한 명인 지미가 자위를 위해 따뜻하게 데워진 American Pie를 이용하다 아버지에게 들키는 장면에서 따온 제목입니다. 이들 4명의 남학생들이 그토록 고대하는 졸업파티는 영어로 Prom Party라고 합니다. 대부분의 미국 고등학교에서 학기가 끝나는 4, 5월에 열리는 졸업 파티로서 이 파티에 가기 위해 거의 1년 내내 파트너를 구하러 다닐 정도로 중요한 파티입니다. 고등학교 졸업과 함께 열리는 이 파티는 일종의 성인식을 대신하고 있다고 할 수 있는데 이 영화에서도 이 Prom Party는 이 4명의 남학생들을 성숙시키는 전기가 되는 듯 합니다.

Chapter 12

제안을 거절할 때

Declining an Offer

INTRO

장면 소개

이번 주에는 어떤 사람이 훌륭한 제안을 했지만 어쩔 수 없이 그 제안을 거절해야 할 경우에 어떤 표현을 사용해야 하는지 배우게 됩니다. 상대가 친절을 보여주는 제안을 했을 때 너무 딱 부러지게 거절을 해버리면 무안하겠지요. 이럴 경우 상대가 기분 나쁘지 않도록 거절하는 것이 무엇보다 중요합니다. 하지만 그렇다고 지킬 수 없는 약속을 하는 것도 결국 현명한 일이 아니라는 것은 여러분 모두 잘 알고 계시겠지요. 그러므로 상대의 기분을 상하지 않게 하면서도 그 제안을 받아들일 수 없다는 것을 분명히 표현해야 할 때 어떤 문장과 표현을 사용하는 것이 적절한지 이번 주에 공부해보도록 하겠습니다.

이번 주에 배울 장면은 2005년에 개봉된 데이빗 돕킨이 감독을 맡고, 오웬 윌슨, 빈스 본이 주연한 웨딩 크래셔 (Wedding Crashers)의 한 장면입니다. 제레미와 존으로 나오는 이 두 주인공은 결혼식장 피로연에 하객으로 위장 잠입하여 음식 맛있게 먹고 다른 매력적인 여성을 유혹하여 하룻밤을 즐기는 바람둥이 역할을 맡고 있습니다. 이번에는 큰 건을 하나 성사시키려고 장관의 딸 결혼식장에 하객으로 위장하여 참석하는데 이 결혼식 피로연에서 장관의 다른 딸 글로리아가 제레미의 유혹에 넘어가 열정적인 사랑에 빠집니다. 제레미의 목적은 단순히 하룻밤을 즐기는 것이었는데 사랑에 빠진 글로리아는 그에게 매우 부담스럽습니다. 그래서 글로리아가 파티에 초대하는 것을 거절해야 하는 난처한 입장에 빠집니다. 이번 주에도 즐거운 영어공부 되시기 바랍니다.

오늘의 표현

- What a coincidence!
- I was just singing your praises.
- I'm flattered.
- I won't be able to make it.
- Problem solved!
- Deal us in.

THE SCENE

00:40:39–00:41:30

Gloria Here you are!
당신 여기 있었군요!

Jeremy Hey! Gloria, wow!
What a coincidence, I was just singing your praises.
This is John Ryan.
이봐! 글로리아, 와! 우연의 일치군요. 방금 당신 칭찬을 하고 있었어요. 여기는 존 라이언이예요.

Gloria Oh, hi.
오, 안녕.

John Yeah.
안녕.

Gloria So my family and a few friends, we're all going back to our little place on the shore and it would be so great if you guys came.
우리 가족하고 몇몇 친구들이 모두 해변에 있는 우리 작은 별장으로 갈거예요. 당신들도 같이 가면 굉장히 좋을텐데.

John Really? Sounds sort of wonderful.
정말이요? 정말 굉장할 것 같은데요.

Jeremy I am... well it does, it sounds... it sounds very nice.
But-but and I'm flattered that you would even think of me to include me in something like that, Gloria.
Thank you. It kills me however to have to tell you.
I'm sorry, I just... timing's no good.
I won't be able to make it.
저는 글쎄 그건, 그건 정말 좋은 일 같아 보이네요.
하지만 글로리아 당신이 그런 일에 나를 끼워준다니 정말 우쭐해지는군요.
고마워요. 정말 괴로운 일이지만 당신에게 이 말을 해야겠어요.
미안해요. 나는 그냥 … 타이밍이 안 좋군요. 갈 수 없을 것 같아요.

John Why?
왜?

Gloria It's gonna be so much fun!
정말 재미있을 거예요.

John It's gonna be so much fun!
정말 재미있을 거라고.

Jeremy I'm sure it will be fun for the... for the people that are going. I unfortunately can't go. I don't have, um... I only have this monkey suit. I don't have any clothes.

나도 확신해요. 가는 사람들에게는 정말 재미있을 거라는 것. 불행히도 저는 못갑니다. 나는 … 음… 나는 이 예복 밖에 다른 옷이 없어요.

Gloria No, we have everything you need.

아니예요, 우리가 당신이 필요한 것 모두 준비해 뒀어요.

John Problem solved.

문제가 해결됐군요.

Gloria Problem solved!

문제가 해결됐군.

Jeremy The problem's not solved. The problem's not solved.

문제는 해결되지 않았어. 문제는 해결 되지 않았다고.

John Deal us in.

우리도 넣어줘요.

Gloria Oh, cool cool cool! I'm gonna run and find my dad! Ah!

(글로리아가 자리를 뜨고…)

오 멋져요, 멋져요 멋져요! 달려가서 아빠를 찾아야겠어요.

Jeremy Hey, don't ask your dad! Don't ask your dad! Don't...

여봐요, 아빠에게 부탁하지 말아요! 아빠에게 부탁하지 말라고!

John The train's going. We gotta get on.

기차가 떠날려고 하는데. 우리 타야 할 것 같아.

LECTURE

Gloria	Here you are!
Jeremy	Hey! Gloria, wow! What a coincidence, I was just singing your praises. This is John Ryan.
Gloria	Oh, hi.
John	Yeah.
Gloria	So my family and a few friends, we're all going back to our little place on the shore and it would be so great if you guys came.
John	Really? Sounds sort of wonderful.

Gloria가 Jeremy를 찾아 헤매다가 John과 함께 있는 Jeremy를 결국 찾아냈습니다. 그래서 Gloria가 소리지릅니다. Here you are! 당신 여기 있었군요! Here you are! 혹은 Here we are! Here it is! 등은 다양한 경우에 사용되는 감탄문입니다. 여기서처럼 어떤 사람이나 어떤 물건을 찾아 한참 헤매다가 결국 발견했을 때 Here we are! Here it is! 라고 외칩니다. I' m looking for my wallet. Here it is! 이런 식으로 말하는 것이지요. 내 지갑을 찾고 있는데… 아 여기 있구나! 여기서 Here you are! 도 당신 어디 있나 했는데 여기 있군요, 드디어 당신을 찾았네요 정도의 뜻입니다. 또 Here you are는 어떤 사람에게 어떤 물건을 건네주면서 여기 있습니다 라는 뜻으로도 쓰입니다. 또 Here we are! 나 Here I am!은 여러분이 어떤 장소에 도착했을 때도 다 왔구나! 정도의 뜻으로 사용되는 표현입니다. Jeremy는 지금까지 Gloria를 피해 다니다가 결국 잡힌건데 피해 다니고 있다는 것이 들통나면 안되니까 반가운 척 하지요. Hey! Gloria, wow! 헤이 글로리아, 야! 그리고 나서 What a coincidence, I was just singing your praises. 라고 말합니다. What a coincidence라는 말은 정말 우연의 일치이군요 라는 뜻인데 여기서 정확한 뜻은 우리말로 "호랑이도 제말하면 온다더니" 지금 당신 이야

기 하고 있었는데 오는군요 정도의 뜻이 되는 것입니다. coincidence가 들어가는 말로 by the wildest coincidence 라고 하면 정말 기묘한 우연의 일치로 라는 뜻이고 pure coincidence라고 하면 순전한 우연이라는 뜻입니다. Our meeting in the library was pure coincidence. 라고 하면 도서관에서의 우리의 만남은 순전한 우연이었다 라는 뜻이 되는 것이지요. Jeremy가 I was just singing your praises. 라고 하는데 sing someone's praises라는 표현은 누군가를 열정적으로 과장해서 칭찬하는 것을 말합니다. 찬양의 노래를 불렀다는 뜻이니까 칭찬이 좀 과도한 경우겠지요. Jeremy가 하는 말은 네 칭찬을 많이 하고 있었는네 네가 나타나다니 참 우연의 일치구나. 그러면서 옆에 있는 John을 소개합니다. This is John Ryan. Gloria 가 John에게 Oh, hi! 라고 인사하지요. John이 Yeah. 라고 대답합니다. Gloria가 Jeremy를 찾아 다닌 이유를 말합니다. So my family and a few friends, we're all going back to our little place on the shore and it would be so great if you guys came. 우리 가족하고 몇몇 친구들이 모두 해변에 있는 우리 작은 별장으로 갈거예요. 당신들도 같이 가면 굉장히 좋을텐데. 여기서 마지막에 동사가 과거형 came으로 쓰는 이유는 이 문장을 가정법 과거형으로 말하고 있기 때문입니다. 초청을 완곡한 가정법 문장으로 하는 것이지요. 그러자 옆에 있던 John이 Really? Sounds sort of wonderful. 정말이요? 정말 굉장할 것 같은데요 라고 대답하는데 sounds 앞에는 it 이 생략되어 있는 것이지요. 어떤 이야기를 듣거나 제안을 들었는데 그것이 무척 호감이 가는 것일 때 That sounds nice! 라고 말하면 됩니다. 무언가 말도 안되고 엉터리라고 생각되는 말을 들으면 That sounds crazy! 라고 하면 되겠지요. 여기서처럼 That sounds wonderful! 이라고 하면 아주 좋다, 정말 굉장하다 라는 뜻입니다.

LECTURE

Jeremy I am... well it does, it sounds... it sounds very nice.
But-but and I'm flattered that you would even think of me to include me in something like that, Gloria. Thank you.
It kills me however to have to tell you.
I'm sorry, I just... timing's no good.
I won't be able to make it.

John Why?

Gloria It's gonna be so much fun!

John It's gonna be so much fun!

Jeremy I'm sure it will be fun for the... for the people that are going. I unfortunately can't go. I don't have, um... I only have this monkey suit. I don't have any clothes.

Gloria No, we have everything you need.

John Problem solved.

Gloria Problem solved!

Jeremy는 속내로는 자신을 사랑한다는 Gloria와 더 이상 어떤 만남도 갖고 싶지 않은 것이지요. 하지만 어떤 핑계를 대서 이 제안을 정중하게 거절해야 합니다. 그래서 이렇게 장황하게 말하는 것이지요. 먼저 그 제안이 무척 좋은 제안이라고 합니다. 영어로 이렇게 말하지요. I am... well it does, it sounds... it sounds very nice. 여기서도 Jeremy가 it sounds very nice라는 표현을 쓰고 있지요. But-but and I'm flattered that you would even think of me to include me in something like that, Gloria. 처음에 But 이라는 접속사를 쓰는 것은 가지 못하는 핑계를 바로 대려다가 다시 생각을 바꿔서 초대해주어 기분이 좋다는 이야기를 한마디 덧붙이려고 합니다. 그래서 But but 하다가 다시 and라는 접속사를 쓰는 것입니다. 여기에 I' m flattered라는 표현이 나오는데 원래 flatter란 누구에게 아부하며 칭찬하는 것을 말합니다. 말도 안 되는 소리로 아부하며 칭찬하는 사람은 기분이 어떨지 모르지만 듣는 사람은 그 말이 얼토당토 않는 말이라도 아부하며 칭찬하는 말을 들으면 기분이 좋아지게 되는 것이지요. 그래서 I'm flattered라고 이 말을 수동태로 쓰면 그런 아부를 들을 때 드는 느낌 즉 우쭐해지고 기분 좋아지는 느낌을 표현합니다. Jeremy가 하는 말은 당신이 그런 일에 나를 끼워준다니 정말 우쭐해지는군요 정도의 뜻입니다. 그리면서 갈 수 없다는 것을 이야기해야 하는데 다음과 같이 말합니다. It kills me however to have to tell you. I'm sorry, I just... timing's no good. I won't be able to make it. 정말 괴로운 일이지만 당신에게 이 말을 해야겠어요. 미안해요. 나는 그냥 … 타이밍이 안 좋군요. 갈 수 없을 것 같아요. 지금 Jeremy가 하는 말은 상대의 제안을 기분 안 나쁘게 거절하기 위해 안간힘을 쓰면서 하는 말입니다. It kills me에서 kill은 여러 가지 뜻이 있는데 여기서는 육체적 혹은 정신적 고통을 준다는 뜻입니다. Jeremy도 timing's no good이라는 표현을 쓰고 있지요. 타이밍이 안 좋다고 합니다. 그리고 나서 결정적으로 I won't be able to make it. 이라는 표현을 하는데 이 때 make it 이 다양하게 사용되는 유용한 표현입니다. 초대를 받았거나 만남을 가지기로 했을 때 거기에 참석할 수 있다고 할 때 I can make it 혹은 여기서처럼 I am able to make it 이라고 할 수 있습니다. 누구를 어디에 초대하고 나서 너 올 수 있겠어? 라고 물을 때 Can you make it? 이라고 덧붙이면 됩니다. 누군가 모임에 오지 않을 것 같으면 I'm afraid he cannot make it this evening. 이라고 하면 됩니다. John은 가고 싶어서 Why? 왜 그러는데 라고 묻지요. John은 지금 상황 파악이 안되고 있습니다.

Gloria가 It's gonna be so much fun! 정말 재미있을 거예요. 라고 하니까 옆에서 바보처럼 John도 It's gonna be so much fun! 이라고 따라 하고 있습니다. Jeremy가 다시 핑계거리를 댑니다. 이번에는 옷이 없다고 변명합니다. I'm sure it will be fun for the... for the people that are going. 나도 확신해요. 가는 사람들에게는 정말 재미있을 거

라는 것. 어떤 말을 하는데 정말 그렇다고 확신이 있을 때 I'm sure라는 말을 앞에 붙이면 됩니다. 만약 상대가 어떤 말을 했는데 믿기 힘들 때는 Are you sure? 라고 물으면 정말 확실해? 라고 말하는 것입니다. Would you like a cup of coffee? 라고 커피 한 잔 마실거냐고 물었는데 상대방이 No, thank you. 라고 대답하면서 거절하면 그럴 때 Are you sure? 라고 한 번 더 물어보면서 정말이냐고 확인해 볼 수 있습니다. I unfortunately can't go. I don't have, um... I only have this monkey suit. I don't have any clothes. 불행히도 저는 못갑니다. 나는 … 음… 나는 이 예복 밖에 다른 옷이 없어요. 여기서 monkey suit라는 표현이 나오는데 남자들의 예복이나 야회복 혹은 제복을 말합니다. monkey가 들어간 표현으로 monkey business라는 표현이 있습니다. 사기 협잡 속임수라는 뜻으로 쓰인다는 것 알아두시기 바랍니다. 그러자 Gloria가 거기서 물러나지 않고 No, we have everything you need. 아니예요, 우리가 당신이 필요한 것 모두 준비해 뒀어요 라고 하지요. 상대의 마음을 읽을 수 있어야 하는데 전혀 눈치가 없네요. 이럴 땐 정말로 상대의 제안을 거절하기 힘들어 지는 것이지요. 그러자 또 John은 눈치 없게 Problem solved. 라고 합니다. 문제가 해결됐네 라는 뜻인데요, 이렇게 간단하게 말하는 것이 더 자연스럽습니다. I have a problem 이라고 하면 나에게 어려운 문제가 있다는 뜻이고 I solve the problem 이라고 하면 그 문제를 해결했다는 뜻이 됩니다. 적절한 상황에서 사용하시기 바랍니다.

EXPRESSION TIPS

Flatter oneself

자만하다, 우쭐대다는 뜻입니다. 자기 자신에게 아부한다는 뜻이니까 스스로를 대단하다고 생각하고 우쭐댄다는 뜻이지요. You don't flatter yourself he's in love with you. 그 사람이 너를 사랑한다고 믿고 우쭐거리지 마. He flattered himself on his sense of humor. 그는 자신이 유머감각을 가졌다고 우쭐거렸다.

LECTURE

Jeremy	The problem's not solved. The problem's not solved.
John	Deal us in.
Gloria	Oh, cool cool cool! I'm gonna run and find my dad! Ah!
Jeremy	Hey, don't ask your dad! Don't ask your dad! Don't...
John	The train's going. We gotta get on.

Problem solved라고 하니까 Jeremy는 계속 The problem's not solved. 즉 문제는 해결되지 않았다고 반박을 합니다. 거기에 상관하지 않고 친구 John은 Gloria에게 Deal us in 이라고 말합니다. 우리도 끼워주세요 라는 뜻인데 include us와 같은 뜻이지요. 원래 deal이란 거래, 혹은 거래하다 라는 뜻입니다. 그래서 deal us in 이란 어떤 거래나 계약 등에 우리를 함께 넣어줘 라는 뜻이었다가 어디든지 끼워주세요 라는 뜻으로 의미가 확대된 경우지요. 누군가 어떤 사업을 해서 돈을 잘 벌고 있다는 소문을 들으면 거기 끼워달라고 부탁할 수 있겠지요.

그럴 때 이렇게 말할 수 있지요. He was making a lot of money in the construction business so I asked him to deal me in. 그가 건설업에서 돈을 엄청나게 벌고 있었다. 그래서 그에게 나도 좀 끼워주라고 부탁했다. deal 이 들어가는 표현 중에 Big deal! 이라는 표현이 있는데 대단한 거래구나 라는 뜻에서 참 대단한 일 했다, 했어 정도의 비아냥거리는 말이 되었습니다. 즉 상대방이 어떤 일을 대단한 것처럼 자랑하거나 떠벌릴 때 거기에 대해 하나도 자랑할 게 못 된다 별것도 아닌 것 갖고 자랑하는구나 하는 반응으로 하는 말이 Big deal! 입니다. 예를 들어 어떤 친구가 I walked 4 miles yesterday! 라고 자신이 대단한 일 한 것처럼 말하면 Big deal! 그래 큰일 했다. 별것도 아닌 것 같고, 정도의 뜻으로 대꾸해 주는 것입니다. 그러자 이 방정맞은 Gloria가 바로 Cool을 연발하는데 Cool에 대해서는 저번 시간에 배웠듯이 좋아요, 멋져요 정도의 뜻이겠지요.

그러면서 I'm gonna run and find my dad! 달려가서 아빠를 찾아야겠어요. 라고 말하면서 뛰어갑니다. 뛰어가는 Gloria를 막으려고 Jeremy는 Hey, don't ask your dad! Don't ask your dad! Don't... 여봐요, 아빠에게 부탁하지 말아요! 아빠에게 부탁하지 말라고! 라고 소리치면서 일이 확대되는 것을 막아보려고 하지만 이미 버스는 떠났습니다. John 이 옆에서 재미난다는 듯이 말합니다. The train's going. We gotta get on. 기차가 떠나려고 하는데. 우리 타야 할 것 같아. 여기서 train은 비유법으로 사용되고 있는 것이지요. 벌써 일 터졌는데… 우리도 말려들었네… 정도의 뜻이지요. 이런 상황에서 사용할 수 있는 주옥 같은 표현입니다. 사전에도 안 나오고 교과서에도 없고 학교나 학원 어디서도 쉽게 배울 수 없는 표현이지요. 확실하게 익혀두시기 바랍니다. 우리말로 버스 이미 떠났네 라는 표현과 비슷한 것 같은데 정확히 똑 같은 표현은 아닙니다. The train' s going. 일 벌어졌네. 재미있는 표현이지요. 이번 주 수업 여기까지입니다.

WRAP UP

Useful expressions:

Here you are!
당신 여기 있었구요!

What a coincidence, I was just singing your praises.
우연의 일치군요. 방금 당신 칭찬을 하고 있었어요.

I'm flattered.
기분이 우쭐합니다.

Deal us in.
우리도 끼워줘요.

The train's going. We gotta get on.
일 터졌는데… 우리도 말려들었네…

Big deal!
참 대단한 일처럼 군다. 별 것도 아닌 것 같고.

monkey business
사기 협잡 속임수

ROLE PLAY

Gloria **Here you are!**
당신 여기 있었군요!

Jeremy **Hey! Gloria, wow!**
What a coincidence, I was just singing your praises.
This is John Ryan.
이봐! 글로리아, 와! 우연의 일치군요. 방금 당신 칭찬을 하고 있었어요.
여기는 존 라이언이예요.

Gloria **Oh, hi.**
오, 안녕.

So my family and a few friends, we're all going back to our little place on the shore and it would be so great if you guys came.
우리 가족하고 몇몇 친구들이 모두 해변에 있는 우리 작은 별장으로 갈꺼예요.
당신들도 같이 가면 굉장히 좋을텐데.

Jeremy **I am... well it does, it sounds... it sounds very nice.**
But-but and I'm flattered that you would even think of me to include me in something like that, Gloria.
Thank you. It kills me however to have to tell you.
I'm sorry, I just... timing's no good. I won't be able to make it.
저는 글쎄 그건, 그건 정말 좋은 일 같아 보이네요.
하지만 글로리아 당신이 그런 일에 나를 끼워준다니 정말 우쭐해지는군요.
고마워요. 정말 괴로운 일이지만 당신에게 이 말을 해야겠어요.
미안해요. 나는 그냥 … 타이밍이 안 좋군요. 갈 수 없을 것 같아요.

Gloria **It's gonna be so much fun!**
정말 재미있을 거예요.

Jeremy **I'm sure it will be fun for the... for the people that are going.**
I unfortunately can't go. I don't have, um... I only have this monkey suit. I don't have any clothes.
나도 확신해요. 가는 사람들에게는 정말 재미있을 거라는 것. 불행히도 저는 못갑니다.
나는 … 음… 나는 이 예복 밖에 다른 옷이 없어요.

Gloria **No, we have everything you need.**
아니예요, 우리가 당신이 필요한 것 모두 준비해 뒀어요.

Problem solved!
문제가 해결됐군.

Jeremy **The problem's not solved. The problem's not solved.**
문제는 해결되지 않았어. 문제는 해결 되지 않았다고.

CHECK UP

다음 우리 말 표현에 알맞게 영어 표현의 괄호를 채우시오.

1) 우연의 일치군요. 방금 당신 칭찬을 하고 있었어요.
= What a (   ), I was just singing your (   ).

2) 기분이 우쭐합니다.
= I'm (   ).

3) 우리도 끼워줘요. = (   ) us in.

4) 일 터졌는데… 우리도 말려들었네…
= The (   ) going. We gotta get on.

5) 사기 협잡 속임수 = (   ) business

A TIP IN THE MOVIE

이 영화 웨딩크래셔 (Wedding Crashers)는 2005년에 개봉된 데이빗 돕킨이 감독하고 오웬 윌슨, 빈스 본이 주연한 영화입니다. 이 영화 제목을 우리말로 번역할 때 잘못 번역하기 쉬운데 Wedding Crashers가 결혼식을 박살내는 사람들로 잘못 오해될 수 있습니다. Crash에 원래 박살내다 부서뜨리다 라는 뜻이 있기 때문이지요. 하지만 여기서 Crash는 그런 뜻이 아니고 초대를 받지 않고 어떤 파티에 참석하거나 입장허가나 입장권 없이 몰래 숨어 들어 가다의 뜻으로 쓰이는 단어입니다. 우리가 예전에 극장에 표안 사고 몰래 들어가다 들킨 경험을 이야기 할 때 이 crash라는 표현을 사용할 수 있는 것입니다. 사실 영화 속에서 이 두 남자 주인공들은 결혼식을 부수는 것이 아니라 더 흥을 돋아 주고 재미나게 합니다. 그러나 그들은 그 결혼식에 참석할 자격이 있는 사람들이 아닌 것이지요. 우리나라에서도 결혼식 신랑 신부의 친척이거나 지인도 아닌데 참석해서 전문적으로 밥 얻어먹으러 다니는 사람들도 있습니다. 이렇게 파티에 초대받지 않고 가는 것을 crash a party라고 합니다. 영화관에 몰래 숨어들어가는 것은 crash the gate of the movie 라고 하면 됩니다. 우리나라 결혼식장에 초대받지 않고 오는 사람들의 주요 목적은 음식인데 이들 미국의 wedding crashers들의 주요 목적은 여자입니다. Wedding Crashers 이처럼 영화 제목을 통해 유용한 영어 공부를 할 수도 있습니다.

Chapter 13

청혼할 때

Proposing a Marriage

INTRO

장면 소개

우리 수업의 마지막 주인 이번 주에는 청혼할 때 어떤 표현과 어휘를 사용하는 것이 좋은지 공부하도록 하겠습니다. 청혼은 가장 아름다운 순간이면서 동시에 가장 긴장되고 아찔한 순간이기도 합니다. 이 순간의 언어가 평생을 좌우할 수 있는 것이지요. 청혼의 방법은 매우 다양하고 개인적인 차이가 있는 것이어서 어떤 일정한 규칙이나 법칙이 있다고 할 수는 없습니다. 단지 하나의 아름답고 짜릿한 청혼의 실례를 여러분에게 보여드리고 싶습니다.

이번 주에 공부할 장면은 2006년에 제작된 조 라이트가 감독하고 키이라 나이트리, 매튜 맥파디엔이 주연한 오만과 편견 (Pride and Prejudice)에 나오는 장면입니다. 엘리자베스는 매우 부유하고 오만해 보이는 Darcy의 첫 번째 청혼을 거절하지만 그가 실제 얼마나 훌륭한 사람인지를 깨닫고 자신을 위해 얼마나 많은 일을 했는지 알게 됩니다. Darcy가 다시 한번 청혼을 하는데 이번에는 엘리자베스가 거절할 이유가 없겠지요. 영화의 배경은 19세기 초반의 영국이지만 시대가 달라도 변함없이 아름다운 청혼의 언어와 마술을 경험하기 바랍니다.

오늘의 표현

How can I ever make amends for such behavior?

Surely you must know it was all for you.

You have bewitched me, body and soul.

I never wish to be parted from you from this day on.

THE SCENE

01:49:35–01:51:03

Elizabeth I couldn't sleep.
저는 잠을 잘 수 없었어요.

Mr. Darcy Nor I. My aunt...
나도 못잤어요. 우리 이모가…

Elizabeth Yes, she was here.
예, 여기 오셨어요.

Mr. Darcy How can I ever make amends for such behavior?
그런 행동에 대해 내가 어떻게 보상을 할 수 있을까요?

Elizabeth After what you've done for Lydia and, I suspect, forJane, it is I who should be making amends.
당신이 리디아에게 해 준 일, 그리고 내 생각엔 제인에게도 당신이 해준 일을 보면 보상을 할 사람은 저인 것 같아요.

Mr. Darcy You must know.
Surely you must know it was all for you.
당신은 알아야 해요. 분명히 당신은 알아야 해요. 그 모든 일을 당신을 위해 했다는 것을.

Elizabeth You are too generous to trifle with me.
당신은 너무나 자비로워서 저 같은 사람까지 함부로 대하지 않으시군요.

Mr. Darcy You spoke with my aunt last night and it has taught me to hope as I'd scarcely allowed myself before.
어젯밤 당신이 우리 이모와 이야기를 나누었고 그것이 전에는 내가 가질 수 없었던 희망을 품을 수도 있겠다는 마음을 갖게했어요.
If your feelings are still what they were last April, tell me so at once.
당신의 감정이 지난 4월과 똑같다면 즉시 그렇다고 나에게 말해줘요.
My affections and wishes have not changed.
내 애정과 소망은 변하지 않았어요.
But one word from you will silence me for ever.
그러나 당신이 한마디 말만 하면 나를 영원히 입을 열지 못하도록 할 수 있어요.
If, however, your feelings have changed... ...I would have to tell you, you have bewitched me, body and soul, and I love... I love... I love you.
하지만 만약 당신의 감정이 변했다면… 당신에게 말할건데 당신은 나를 사로잡았어요, 내 몸과 영혼 모두를. 나는 사랑해요, 사랑해요, 당신을 사랑해요.
I never wish to be parted from you from this day on.
오늘부터 당신과 결코 떨어져 지내고 싶지 않아요.

Elizabeth Well, then. Your hands are cold.
그래요, 그러면. 당신 손이 차갑군요.

LECTURE

Elizabeth	I couldn't sleep.
Mr. Darcy	Nor I. My aunt...
Elizabeth	Yes, she was here.
Mr. Darcy	How can I ever make amends for such behavior?
Elizabeth	After what you've done for Lydia and, I suspect, for Jane, it is I who should be making amends.
Mr. Darcy	You must know. Surely you must know it was all for you.
Elizabeth	You are too generous to trifle with me.

Elizabeth가 아침 일찍 집 앞에 있는 큰 나무 밑에 앉아 있습니다. 이 꼭두새벽에 Darcy가 Elizabeth 집에 오다가 그녀와 마주쳤습니다. Darcy의 목적은 Elizabeth 였기 때문에 그녀를 보고 멈춰 선 것이지요. Elizabeth가 말하지요. I couldn't sleep. 잠을 잘 수가 없었어요. 이런 미묘하고 섬세한 순간에는 이런 말만 들어도 왜 잠을 잘 수 없었는지 그리고 그 말을 지금 왜 하는지도 이해하는 센스가 있어야 합니다. I couldn' t sleep. 잠을 잘 수가 없었어요. 이러는데 잠을 왜 못자요, 잠을 잘자야 보약인데 뭐 이렇게 나오면 상황 종료 되는 것이지요. 이런 순간에 어떻게 대답해야 할까요? 남학생들! "잠을 못 자다니 정신 좀 차리세요" 이렇게 나오면 안됩니다. 이 때 Darcy는 이렇게 대답하지요. Nor I.저도 못 잤어요. 이게 가장 좋은 대답이지요. 상대가 잠을 못 잤다고 하면 나도 잠을 못 잤다고 하고 당신이 고민이 많았던 것처럼 나도 고민이 많았다고 해야 그 다음으로 진전할 수 있는 것이지요. 강의하다 보니까 영어강의가 아니라 연애강의처럼 되어 버렸군요.

My aunt ··· 내 이모가··· 이렇게 말하는 것은 이모가 어제 Elizabeth를 찾아 왔었지요. 상황 설명을 하자면 이모가 찾아와서 너는 내 조카의 짝이 될 자격이 안되니 혹시 우리 조카가 다시 너에게 청혼하더라도 그 청혼을 받아들이지 않겠다고 약속을 해라 뭐 이렇게 요구를 한 것이지요. 이에 대해 Elizabeth가 그런 약속 할 수 없다. 나는 내 행복을 위해서만 그런 결정을 할 것이지 당신이 그렇게 하라고 해서 그렇게 할 수는 없다고 대답을 한 것이지요. Darcy도 지금 그 이야기를 듣고 온 것이지요. Elizabeth가 대답합니다. Yes, she was here. 예, 여기 오셨어요. 그러자 Darcy가 How can I ever make amends for such behavior? 그런 행동에 대해 내가 어떻게 보상을 할 수 있을까요? 라고 묻지요. 미안한 감정을 표현하는 것입니다. 여기에 make amends 라는 표현이 나오는데요 원래 amend란 법안 등을 수정하다 행실을 고치다 틀린 곳을 고치다라는 뜻의 동사입니다. 여기서 사용되는 amends라는 명사는 amend라는 동사에서 파생된 단어라고 추정되지만 전혀 다른 단어라고 생각하시면 됩니다. Amends는 보상 배상 변상의 뜻으로 make라는 동사와 보통 붙어 다닙니다. make amends라고 해서 보상하다 변상하다의 뜻이 되는 것이지요. 자신의 잘못에 대해 보상하다 라고 하려면 make amends for his mistake라고 하면 됩니다. 그녀에게 보상하다 라고 하려면 make amends to her라고 합니다. 뒤에 전치사가 어떻게 달라지는지 알겠지요. 만약 어떤 소년에게 전에 했던 불친절에 대해 보상을 하고 싶은 마음이 생겼다라고 하려면 He wished to make amends for his former unkindness to the boy. 라고 하시면 됩니다. … 에 대해 보상하다 라고 하려면 for를 쓰면 되고 … 에게 보상하다 라고 하려면 to를 쓰면 됩니다.

그러자 Elizabeth가 대답합니다. After what you've done for Lydia and, I suspect, for Jane, it is I who should be making amends. 당신이 리디아에게 해 준 일, 그리고 내 생각엔 제인에게도 당신이 해준 일을 보면 보상을 할 사람은 저인 것 같아요. 여기서 I suspect라는 구문이 나오는데 우리 말로 의심한다 라고 번역이 되지만 우리말로는 비슷한 뜻의 I doubt와 어떻게 구별되는지 여러분들 아십니까? I suspect는 I think와 유사한 뜻이고 I doubt는 I don't think와 유사한 뜻입니다. 즉 I suspect는 어떤 사실이 그러리라고 의심하거나 생각하는 것이고 I doubt는 어떤 사실이 그렇지 않으리라고 의심하거나 생각하는 것입니다. 예를 들어 I suspect he is a married man. 이라고 하면 그 사람 총각 행세를 하지만 유부남일거라고 생각해, 정도의 의미가 되는 것이지요. 그런데 I doubt를 사용해서 I doubt if he will succeed. 라고 하면 그 사람이 성공할지 의심쩍다, 즉 성공 못할 거라고 생각한다, 의 뜻이 되는 것입니다. 하지만 반대로 I do not doubt that you will succeed. 라고 하면 난 네가 성공할 것이라고 확신해 라는 뜻이 됩니다.

Elizabeth가 하는 말 중에 I suspect, for Jane이라고 한 말에는 앞에 나온 말이 반복되어 생략되어 있는 경우입니다. I suspect, what you've done for Jane 원래는 이렇게 말해야 하는데 영어는 똑 같은 말 반복하는 것을 싫어합니다. for Jane 앞에만 I suspect를 붙이는 이유는 Lydia에게 당신이 해 준 일은 분명히 알겠는데 Jane에게 해준 일은 분명치는 않지만 당신이 해준 일로 생각한다 정도의 의미가 들어있는 것이지요. 참고로 Lydia는 Elizabeth의 동생이고 Jane은 언니입니다. 어떤 일이 있었는지 다 말하려면 너무 복잡해지니까 궁금하면 여러분들이 직접 영화를 보시기 바랍니다. 그 뒤에 Elizabeth가 it is I who should be making amends 라고 하는데 이 구문은 여러분이 강조구문이라고 배웠던 구문이지요. 보상을 해야 하는 것은 다름아닌 제가 해야지요 정도의 의미지요. It is you that I love. 내가 사랑하는 것은 얘도 아니고 재도 아니고 바로 당신 이예요 이렇게 말하면 사랑하는 것이 너라는 점을 강조하고 있는 것이지요. 이때 앞에 사람이면 who를 써도 되지만 that을 써도 무방합니다. Darcy가 본격적인 작업에 들어가는데요 이렇게 말합니다. You must know. Surely you must know it was all for you.

당신은 알아야 해요. 분명히 당신은 알아야 해요. 그 모든 일을 당신을 위해 했다는 것을. 네 여기서 이런 중요한 순간에 여러분이 외어서 써먹어야 할 구문이 나왔지요. It was all for you. 다 당신 때문에 한 일이예요. Lydia를 위해서 힘쓴 것도 Jane을 위해서 애쓴 것도 다 당신에게 잘 보이려고 당신에게 이쁘게 보이려고 한 짓이예요 이런 뜻이지요. 이런 구문 나오면 팍팍 외우세요. 평소에 이런 구문을 얼마나 잘 외우고 있느냐가 결정적인 순간에 성공을 좌우하지요.

그러자 Elizabeth가 매우 정중하게 말합니다. You are too generous to trifle with me. 당신은 너무나 자비로워서 저 같은 사람까지 함부로 대하지 않으시군요. 여성이든 남성이든 청혼을 할 때는 장난처럼 대충하면 안됩니다. 중요한 순간에는 정중하면 할수록 좋습니다. 정중하고 정성을 다하면 상대가 감동을 받는 것이지요. 이것은 시대를 막론하고 언제나 해당되는 진리이지요. 지금 Elizabeth가 말하는 문장도 too … to… 용법인데요, 여러분들이 잘 알다시피 너무 …해서 … 하지 않다의 뜻이지요. 이때 주의할 것은 뒤의 to 이하에 부정의 단어가 없어도 부정의 뜻이 된다는 것이지요. 이 말은 예전에 Elizabeth가 Darcy의 청혼을 매우 차갑게 거절한 적이 있었기 때문에 Elizabeth의 미안한 감정과 고마운 감정이 함께 전달되는 문장입니다. trifle이란 원래 사소한 일, 하찮은 것 이라는 뜻이 명사인데 여기서는 동사의 뜻으로 아무렇게나 다루다 우습게 여기다의 뜻입니다. I am in no mood to be trifled with. 라고 하면 무시당하고 참고 있을 기분이 아니다라는 뜻입니다.

LECTURE

Mr. Darcy You spoke with my aunt last night and it has taught me to hope as I'd scarcely allowed myself before.
If your feelings are still what they were last April, tell me so at once.
My affections and wishes have not changed.
But one word from you will silence me for ever.
If, however, your feelings have changed... ...I would have to tell you, you have bewitched me, body and soul, and I love... I love... I love you.
I never wish to be parted from you from this day on.

Elizabeth Well, then. Your hands are cold.

이제 지금부터 주옥 같은 Darcy의 청혼의 언어가 나옵니다. 여기에 나오는 문장들은 그냥 외어두시면 좋습니다. Darcy가 먼저 어제 이모가 Elizabeth를 찾아갔던 이야기부터 하지요. You spoke with my aunt last night and it has taught me to hope as I'd scarcely allowed myself before. 어젯밤 당신이 우리 이모와 이야기를 나누었고 그것이 전에는 내가 가질 수 없었던 희망을 품을 수도 있겠다는 마음을 갖게 했어요. 이모가 다시 청혼을 하더라도 받아들이지 마라고 했을 때 Elizabeth가 했던 대답을 전해 듣고 다시 청혼을 해도 되겠다는 희망을 가졌다는 것이지요. 뒷 부분에 나오는 문장 it has taught me to hope as I'd scarcely allowed myself before. 이것도 통째로 외어두면 써먹을 데 많을 것 같군요. 당신이 보내준 편지가 전에는 내가 가질 수 없는 희망을 가져도 된다고 가르쳐 주었어요 라든지, 당신의 윙크가, 당신의 부드러운 손길이 그랬다든지, 우리가 어젯밤 나누었던 키스가 그랬다든지 여러 다양한 방법으로 사용할 수 있겠지요.

Darcy가 계속 말합니다. If your feelings are still what they were last April, tell me so at once. 당신의 감정이 지난 4월과 똑같다면 즉시 그렇다고 나에게 말해줘요. 지난 4월에 청혼했다가 거절당한 것을 말하는 것이지요. 그 때처럼 거절할 마음이면 즉시 말해달라는 것이지요. 즉 지금 한번 더 청혼하고 싶다는 생각을 전하고 있는 것입니다. My affections and wishes have not changed. 내 애정과 소망은 변하지 않았어요. 이 문장도 좋은 표현이지요. 이 문장의 시제를 조금 바꿔서 My affections and wishes will not change ever. 라고 하면 내 애정과 소망은 앞으로 결코 변하지 않을 거예요가 되는 것이지요. 외어두세요. But one word from you will silence me for ever. 그러나 당신이 한마디 말만 하면 나를 영원히 입을 열지 못하도록 할 수 있어요. 그러니까 이제 내 청혼을 거절하는 말 한마디만 하면 다시는 당신에게 와서 결혼하자고 괴롭히지 않을 것이라는 말이지요. 지금 Darcy가 하는 청혼의 대사에서 가장 훌륭한 청혼의 전략을 볼 수 있습니다. 물론 청혼 하는데는 전략보다 마음이 우선되어야 하지요. 하지만 아무리 마음이 진실하더라도 너무 당황해서 이상한 말만 하면 상대의 오해를 살 수도 있습니다.

이처럼 자신의 사랑을 고백하는 청혼의 순간에는 너무 자신만만하면 안됩니다. 상대가 내 청혼을 반드시 받아줄 것이다라는 확신보다는 받아주지 않을지도 모른다는 두려움과 고민을 표현하는 것이 청혼의 전략상 훨씬 유리합니다. 정말 지금 청혼 특강 같은 느낌이 드는데 어쨌든 지금 이런 표현은 오히려 청혼을 하는데 매우 유효한 전략적 문장이라는 것입니다. 여기에 당신이 거절하는 한마디만 하면 앞으로 다시는 당신에게 청혼 같은 것 안할께요. But one word of your rejection will silence me for ever. 이렇게 말하면 마치 협박처럼 들릴 수도 있겠지요. 이번에 승락 안 하면 다시는 안 한다. 여러 가지 효과가 있겠군요. 여기서 silence는 원래 침묵, 고요의 의미를 갖는 명사인데 이 문장에서는 입다물게 하다, 침묵시키다는 뜻의 동사로 쓰이고 있습니다. Silence a crying baby라고 하면 우는 아이를 달래서 잠잠하게 하다라는 뜻이고 The tongue of her scandal was silenced. 라고 하면 그녀에 관한 나쁜 풍문이 잠잠해졌다라는 뜻입니다. 그냥 Silence! 라고 외치기만 해도 조용히해! 라는 뜻이 됩니다.

Darcy가 이제 결정적인 청혼의 언어를 말하고 있습니다. If, however, your feelings have changed... ...I would have to tell you, you have bewitched me, body and soul, and I love... I love... I love you. 하지만 만약 당신의 감정이 변했다면… 당신에게 말할건데 당신은 나를 사로잡았어요, 내 몸과 영혼 모두를. 나는 사랑해요, 사랑해요, 당신을 사랑해요

여러분들도 이런 말을 할 때는 책 읽듯이 하면 안되고 감정을 좀 넣어서 해야 됩니다. 약간 천천히 그리고 약간의 간격도 주면서 억양과 강세도 적절하게 그래야 그 순간에 감동이 전해져 오는 것이지요. 지금 이 문장에서 you have bewitched me, body and soul 이 문장이 백미인데요. 여기서처럼 body and soul 이라고 하면 우리말로 몸과 마음을 모두다 즉 존재의 근본을 흔들었다는 뜻이지요. 어떤 일에 몸과 마음을 다 바쳤다라고 하면 give body and soul to the work이라고 하면 되고 밤낮을 가리지 말고 열심히 몸과 마음을 다 바쳐 공부해라 라고 하려면 Study night and day, body and soul이라고 하면 됩니다.

청혼의 영어를 배우는 주에 이런 예를 들어서 안되었지만 만약 어떤 제비 같은 놈한테 몸도 바치고 마음도 바치고 돈도 다 바쳤다면 I gave body and soul and money to the bastard라고 이 구문을 응용하면 됩

니다. Darcy가 body and soul이라는 말 앞에 you have bewitched me 라는 말을 하는데요 bewitch라는 말은 원래 witch 즉 마녀라는 명사에서 파생된 동사인데 마법에 걸리게 하다, 매혹하다, 황홀하게 하다라는 뜻입니다. 여우에게 홀린 것 같다라는 표현 많이 하지요. 그 때 이렇게 말하면 됩니다. He felt as if bewitched by a fox. Darcy가 청혼의 결정적인 말로 마무리를 합니다. I never wish to be parted from you from this day on. 오늘부터 당신과 결코 떨어져 지내고 싶지 않아요. 이게 결혼하자는 말이지요. 꼭 결혼하자는 말을 결혼하자, 혹은 내 아좀 나아도 라고 직설적으로 말하지 않아도 이처럼 당신과 결코 떨어져 지내고 싶지 않다고 간접적으로 이야기는 해도 되는 것이지요. part from은 누구와 헤어진다는 뜻이지요. 잠깐 헤어질 때도 쓰고 영원히 헤어질 때도 쓰입니다. I parted from him at the station. 이라고 하면 나는 그와 역에서 헤어졌다고 하는 것이지요. 이 때 Elizabeth가 대답합니다. Well, then. Your hands are cold. 그래요, 그러면. 당신 손이 차갑군요. 내 이럴 때 여자가 어머 좋아라, 경사 났네 그래도 되긴 하겠지만 대체로 이처럼 간접적으로 승락을 표현하는 경우도 있습니다. 손을 잡으면서 손이 차갑군요. 내가 따뜻하게 덮혀 줄께요. 그런 의미겠지요. 여러분들의 영어 실력이 나날이 일취월장하기를 바랍니다.

EXPRESSION TIPS

Keep body and soul together

body and soul이 들어간 표현 중의 하나인데 살아가는데 필요한 것을 충족시킬 만큼 돈을 번다는 뜻입니다. 즉 몸과 정신을 함께 유지할 수 있을 만큼은 생활을 할 수 있다는 뜻이겠지요. I was earning just enough to keep body and soul together. 생활하기에 필요한 만큼 정도의 수입은 있습니다.

WRAP UP

Useful expressions:

How can I ever make amends for such behavior?
그런 행동에 대해 내가 어떻게 보상을 할 수 있을까요?

Surely you must know it was all for you.
분명히 당신은 알아야 해요. 그 모든 일을 당신을 위해 했다는 것을.

You have bewitched me, body and soul.
당신은 나를 사로잡았어요, 내 몸과 영혼 모두를.

I never wish to be parted from you from this day on.
오늘부터 당신과 결코 떨어져 지내고 싶지 않아요.

I doubt if he will succeed.
그 사람이 성공할지 의심쩍다. 성공 못할 거라고 생각한다.

It is you that I love. 내가 사랑하는 것은 바로 당신 이에요.
I am in no mood to be trifled with.
무시당하고 참고 있을 기분이 아니다.

ROLE PLAY

Elizabeth **I couldn't sleep.**
저는 잠을 잘 수 없었어요.

Mr. Darcy **Nor I. My aunt...**
나도 못잤어요. 우리 이모가…

Elizabeth **Yes, she was here.**
예, 여기 오셨어요.

Mr. Darcy **How can I ever make amends for such behavior?**
그런 행동에 대해 내가 어떻게 보상을 할 수 있을까요?

Elizabeth **After what you've done for Lydia and, Is uspect, for Jane,it is I who should be making amends.**
당신이 리디아에게 해 준 일, 그리고 내 생각엔 제인에게도 당신이 해준 일을 보면 보상을 할 사람은 저인 것 같아요.

Mr. Darcy **You must know.**
Surely you must know it was all for you.
당신은 알아야 해요. 분명히 당신은 알아야 해요. 그 모든 일을 당신을 위해 했다는 것을.

Elizabeth **You are too generous to trifle with me.**
당신은 너무나 자비로와서 저 같은 사람까지 함부로 대하지 않으시군요.

Mr. Darcy **You spoke with my aunt last night and it has taught me to hope as I'd scarcely allowed myself before.**
어젯밤 당신이 우리 이모와 이야기를 나누었고 그것이 전에는 내가 가질 수 없었던 희망을 품을 수도 있겠다는 마음을 갖게 했어요.

CHECK UP

다음 우리 말 표현에 알맞게 영어 표현의 괄호를 채우시오.

1) 그런 행동에 대해 내가 어떻게 보상을 할 수 있을까요?
= **How can I ever make (   ) for such behavior?**

2) 당신은 나를 사로잡았어요, 내 몸과 영혼 모두를.
= **You have (   ) me, body and soul.**

3) 그 사람이 성공할지 의심쩍다. 성공 못할 거라고 생각한다.
= **I (   ) if he will succeed.**

4) 오늘부터 당신과 결코 떨어져 지내고 싶지 않아요.
= **I never wish to be (   ) from you from this day on.**

5) 무시당하고 참고 있을 기분이 아니다.
= **I am in no mood to be (   ) with.**

A TIP IN THE MOVIE

이 영화 오만과 편견 (Pride and Prejudice)은 2006년에 개봉된 영화입니다. 오만과 편견은 그 동안 수 차례 영화로도 만들어지고 영국 BBC 방송국에서 드라마나 미니 시리즈로 만들어져 온 영국의 인기 드라마 소재입니다. 우리나라의 춘향전과 버금가는 인기를 누리고 있는 것이지요. 원래 이 영화의 원작은 Jane Austen이라는 19세기 초반에 영국에서 소설을 썼던 여성 작가의 동명 소설입니다. Jane Austen의 소설은 여러 편이 영화화 되었는데 그 중에 잘 알려진 것이 Emma, Sense and Sensibility, 그리고 Mansfield Park 등이 있습니다. Jane Austen이 썼던 소설의 종류를 novel of manners라고 부르는데요, 이 소설들은 어떤 사회의 예의범절을 비롯한 관습과 풍습을 통해 그 당시 사회의 인간관계와 사회적 관계를 드러내는 소설입니다. Pride and Prejudice 소설의 첫 문장이 유명한데요, 그 첫 문장은 다음과 같습니다. It is a truth universally acknowledged, that a single man in possession of a good fortune, must be in want of a wife. 상당한 재산을 소유한 독신 남성이 부인을 원한다는 것은 널리 알려진 진실이다. 소설의 첫 문장은 이렇게 시작하지만 소설의 내용은 정반대로 결혼 적령기의 여성들이 남편 감을 찾아내려는 경쟁적인 모습을 그리고 있습니다. 당시 여성들이 결혼을 통해서만 자신들의 경제적 문제를 해결하고 사회적 지위를 얻을 수 있는 현실을 보여주고 있다고 할 수 있습니다.